快乐成长活动课程·教师用书

托班 下

主　编　何　敏
编　者（按姓氏笔画排列）
　　　　李　乐　汪　丽　张　瑾
　　　　陈丽霞　蒋　艺

复旦大学出版社

图书在版编目(CIP)数据

快乐成长活动课程·教师用书·托班 下/何敏主编. —上海:复旦大学出版社,2018.6
ISBN 978-7-309-13507-7

Ⅰ.①快… Ⅱ.①何… Ⅲ.学前教育-教学参考资料 Ⅳ.G613

中国版本图书馆 CIP 数据核字(2018)第 021778 号

快乐成长活动课程·教师用书·托班 下
何　敏　主编
责任编辑/赵连光

复旦大学出版社有限公司出版发行
上海市国权路 579 号　邮编:200433
网址: fupnet@fudanpress.com　http://www.fudanpress.com
门市零售:86-21-65642857　团体订购:86-21-65118853
外埠邮购:86-21-65109143
上海盛通时代印刷有限公司

开本 787 × 1092　1/16　印张 7.5　字数 150 千
2018 年 6 月第 1 版第 1 次印刷

ISBN 978-7-309-13507-7/G·1810
定价: 35.00 元

如有印装质量问题,请向复旦大学出版社有限公司发行部调换。
版权所有　　侵权必究

编者的话

"快乐成长活动课程·托班"的起源

2~3岁的幼儿,像种子般地快速成长,随着活动能力、语言能力的增强,他们的活动范围自然也扩展了,他们对周围世界的人、事、物都越来越有兴趣。通过探索、活动及互动,幼儿的动作、身体、语言、认知、社会情感与情绪等各方面的发展都非常迅速,外在环境对他们的影响也越来越大了。成人为幼儿提供的学习内容、学习方法以及对他们的合理期待与态度,都会对幼儿产生深深的影响并涉及未来的发展。为了给托育机构提供高质量的活动安排及教学,以适合幼儿的方式将恰当的学习内容带给幼儿,让年幼的孩子享受快乐童年的同时有习惯、能力、性格诸多方面的发展,是这套书设计的初衷与动因。

2~3岁的幼儿虽然还小,却已经有一定的自我意识,会明确地表示"不""我要""我想""宝宝自己来""我的……",这也正是促进他们学习做事、迈向独立的好机会。自己喝水、吃饭、穿衣、穿鞋、洗手、戴围兜、背自己的包等日常生活中简单的事,既能满足这个年龄的独立意愿,又能培养他们的做事习惯与能力。在此基础上,还可以有意识地安排一些任务请他们帮忙,如拿取物品、收拾玩具、把读过的书放回原位、短暂地帮成人拎一下物品等,这些活动可以很好地锻炼他们的任务意识与能力。

2~3岁的幼儿,也非常喜欢身体活动、探索与表达,这些活动能使他们对世界及自我有更多的认识,丰富内心体验,是他们迈向自由与独立的重要而宝贵的经历。

"快乐成长活动课程·托班"的教育目的

一、培养良好的习惯:包括生活习惯与学习习惯。良好的习惯是人一生发展的基础。
二、培养对身体活动的习惯与能力。
三、培养对身边发生的事情好奇且会去探索的能力。
四、培养解决问题的能力。
五、培养自助、独立的能力。
六、培养与朋友相处的态度与能力。

"快乐成长活动课程·托班"之特色

一、用儿歌、手指谣、歌谣、故事培养幼儿对阅读的兴趣,进而发展幼儿的语言能力。

二、通过律动、打击乐活动、户外活动培养幼儿节奏感、动作与身体的发展以及对运动的爱好。

三、在规律的一日活动中,养成良好的生活与学习习惯、自助、独立的能力。

四、提供家长参与机会,促进良好的亲子关系建立。

五、在社会性互动活动中,建立朋友间合作的态度与能力。

本活动课程强调父母参与的重要性,因此,本套书提供可以增进亲子间关系的具体活动策略。希望借此也可增进学校与家庭间的合作关系,进而达到教育效能。

六、借助游戏化活动促进幼儿未来学校学习所需的基本认知能力。

本套教材编写中,我们特邀0~3岁儿童发展及教育的课程专家,根据最新编制的《3岁以下婴幼儿托育服务机构保育教育指导纲要》(暂定)的要求设计了全套书的定位、教育价值取向、写作框架,组织了长期实践在一线的、有丰富带班经验和设计及开发课程能力的早教中心课程主管、托班教师团队编写了托班幼儿的活动课程,并配上本套托班教师用书,最终由编委会统整审定。

本书各单元活动课程提供分工如下:

玩玩玩:汪丽(上海市普陀区早教中心)

牙齿和眼睛保健:张瑾(上海市真如翠英幼儿园)

我想嘘嘘:蒋艺(华东师范大学附属幼儿园)

我爱整理:陈丽霞(杭州市妇女中心早教部)

　　　　　李乐(上海市荷花池幼儿园)

本书内容涉及幼儿在身体发育,生活习惯,动作、语言、认知、情感及社会性发展,艺术表现等多个保教内容方面的活动课程,希望给托班的教师提供有启发意义的活动示例,有能力的教师可以在此基础上根据情况进行修改。

希望本套课程能对广大托班的教师有所帮助,也期待大家提出宝贵的意见,以便我们再版时改进。

何　敏　于华东师范大学
2018年6月

目　录

单元名称：玩玩玩 / 001
  保教学习内容网 / 002
  活动区域布置参考 / 003
  月学习活动建议表 / 004
  活动一：点名 / 005
  活动二：我爱我的幼儿园 / 006
  活动三：大皮球（一）/ 007
  活动四：我是小帮手 / 008
  活动五：一碗酒酿汤圆 / 009
  活动六：我爱我的好妈妈 / 010
  活动七：爆米花（一）/ 012
  活动八：爆米花（二）/ 014
  活动九：有趣的盒子 / 015
  活动十：大皮球（二）/ 016
  活动十一：太阳眯眯笑（一）/ 017
  活动十二：盒子动物园 / 018
  活动十三：春天里，桃花开 / 020
  活动十四：花瓣雨 / 021
  活动十五：滚滚不见了（一）/ 023
  活动十六：滚滚不见了（二）/ 024
  活动十七：洗手歌 / 025
  活动十八：太阳眯眯笑（二）/ 027
  活动十九：小司机 / 028
  活动二十：唱数乐 / 029

单元名称：牙齿和眼睛保健 / 031
  保教心智图 / 032
  活动区域布置参考 / 033
  月学习活动建议表 / 034
  活动一：小鲸鱼不见了 / 035
  活动二：大鲸鱼 / 036

活动三：几颗牙 / 037

活动四：爱漱口的好宝宝 / 038

活动五：牙齿亮晶晶（一）/ 039

活动六：牙齿亮晶晶（二）/ 040

活动七：小小牙医 / 041

活动八：我的牙齿不疼了（一）/ 042

活动九：我的牙齿不疼了（二）/ 043

活动十：我会刷牙 / 044

活动十一：找朋友 / 045

活动十二：照镜子 / 046

活动十三：表情歌 / 047

活动十四：贴眼睛 / 048

活动十五：化妆小达人 / 049

活动十六：眼睛咕噜噜 / 050

活动十七：好吃的水果 / 051

活动十八：不用脏手揉眼睛 / 052

活动十九：拍手歌 / 053

活动二十：点五官 / 054

单元名称：我想嘘嘘 / 055

保教学习内容网 / 056

活动区域布置参考 / 057

月学习活动建议表 / 058

活动一：小宝宝拉便便 / 059

活动二：我要小便 / 060

活动三：小鱼游 / 061

活动四：男孩和女孩 / 062

活动五：漂亮的裙子 / 063

活动六：厕所的标志 / 064

活动七：晒毛巾 / 065

活动八：追泡泡 / 066

活动九：谁尿床了 / 067

活动十：自己穿裤子 / 068

活动十一：玩镜子 / 069

活动十二：你会洗手吗 / 070

活动十三：洗手歌 / 071

活动十四：彩色泡泡 / 072

活动十五：吹泡泡 / 073

活动十六：动物的便便 / 074

活动十七：蚂蚁搬家 / 075

活动十八：三只熊 / 076

活动十九：宝宝爱洗澡 / 077

活动二十：端午节 / 079

单元名称：我爱整理 / 080

保教学习内容网 / 081

活动区域布置参考 / 082

月学习活动建议表 / 083

活动一：奇怪的房间（一）/ 084

活动二：找找看 / 085

活动三：洗刷刷 / 086

活动四：叠被子 / 087

活动五：猜猜我是谁 / 088

活动六：玩具我爱你 / 089

活动七：应该放哪里 / 090

活动八：学小乌龟运粮食 / 091

活动九：洗澡澡 / 092

活动十：晒衣服 / 094

活动十一：奇怪的房间（二）/ 095

活动十二：一起洗玩具 / 096

活动十三：小猪洗澡 / 097

活动十四：洗刷刷 / 098

活动十五：叠杯子 / 099

活动十六：捡落叶 / 100

活动十七：漂亮的花园 / 102

活动十八：整理玩具小能手 / 103

活动十九：打扫 / 104

活动二十：美丽的被子 / 105

附录　托班作息时间表 / 106

单元名称：玩玩玩

保教活动指南

教导重点

爱玩是孩子的天性，2~3岁的幼儿正处于直觉行动思维阶段，他们的学习不是通过成人的传授，而是通过玩来进行的。玩，给孩子带来乐趣，同时在大量的玩耍中，使孩子不断获得有益经验。在2~3岁幼儿的教养过程中，我们首先要顺应幼儿的身心发展规律和年龄特点，顺应幼儿爱玩的天性，创设有趣的环境，提供丰富的材料，激发幼儿主动参与和老师、同伴一起玩的兴趣，帮助幼儿掌握一些交往的技巧，学习一些集体生活中必须的规则。

小小提醒

活动内容的选择是否有趣，直接关系到幼儿参与的积极性。

对幼儿玩的天性的顺应与常规建设之间可以找到平衡点，并不矛盾。

观察幼儿是如何玩的，有利于解读幼儿发展现状，更有针对性地推动幼儿发展。

《幼儿用书》(托班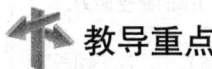)中每一页都会出现一只小蜜蜂，请留意幼儿的表现，并适时引导观察。

保教学习内容网

- **大肌肉**
1. 增强肢体协调能力。
2. 能较熟练地跟着律动完整完成动作。
3. 能绕障碍跑。
- **小肌肉**
1. 能跟着儿歌内容和节奏做律动，愿意跟学。
2. 跟随儿歌韵律模仿学说，享受手指游戏的乐趣。
3. 增强手指的灵活性。
4. 提高涂色和撕纸的能力。
5. 增强手部精细动作的练习。

- **能力**
1. 培养正确洗手的好习惯。
2. 安静听完故事。
- **意愿**
1. 尝试通过儿歌学习正确洗手的步骤。
2. 体验集体生活的快乐。

- **欣赏**
1. 欣赏歌曲，感受歌曲的优美。
2. 享受律动的乐趣。
3. 欣赏桃花的美，知道三月是桃花盛开的时候。
4. 喜欢有韵律的儿歌，并能边做动作边念儿歌。
5. 增强儿歌韵律的感受能力。
- **表现**
1. 对律动儿歌熟悉，能主动跟着律动的节奏做动作。
2. 喜欢模仿老师和同伴做律动。
3. 用各种盒子按照颜色、花纹和图案进行垒高拼搭。

- **能力**
1. 增强理解力和表达能力。
2. 安静听完故事。
- **意愿**
1. 对故事的情节有兴趣，愿意重复听和看故事。
2. 愿意跟着老师的引导逐页翻看图书。
3. 尝试跟着故事复述重复句，如：咦，滚滚不见了。

玩玩玩

动作发展　习惯养成　艺术表现　语言发展　情感与社会性发展　认知发展

- **品格**
1. 乐意与同伴分享食物。
2. 增强好习惯。
3. 增强对集体环境的归属感。
4. 提高主动参与集体活动的积极性。
5. 引发关心同伴的意识。
- **社会互动**
1. 享受与成人游戏的快乐。
2. 享受运动游戏的乐趣。
3. 愿意帮忙做事，知道使用过的玩具、物品要恢复原样。
4. 增强与老师、同伴在一起的快乐。
5. 在看看讲讲玩玩中，熟悉同伴的姓名。
6. 知道妈妈要过三八节，增强对妈妈的爱。

- **能力**
1. 增强探索表现的能力。
2. 尝试口头数数1～10。
3. 感受自己解决问题的快乐。
4. 启发想象力。
5. 增强好奇心和探究欲望。
6. 尝试完成两个以上的指令。
- **意愿**
1. 通过寻找游戏，尽快熟悉班级环境和设施。
2. 通过玩耍各种幼儿自己带来的盒子，体验探索的乐趣。
3. 初步了解元宵节名称，知道元宵节吃元宵的风俗。
4. 增强对数字的兴趣。

活动区域布置参考

区　域	情　境　布　置
主题活动区域	• 收集幼儿开心玩乐的照片 • 元宵节元素的情景：灯笼、兔子灯、烟花等 • 游戏书下："我爱我的好妈妈"作品墙 • 好玩的玩具
生活活动区域	• 请幼儿家庭一起收集小房子牛奶盒、点心盒、鞋盒等各种纸盒(见活动九：有趣的盒子) • 收集幼儿与桃花在一起的照片 • 洗手步骤图(见活动十七：洗手歌)
艺术活动区域	• "一碗酒酿小圆子"作品墙(见活动五：一碗酒酿汤圆) • 游戏书：有趣的盒子(见活动九：有趣的盒子) • 宝宝吹气游泳池(或大纸箱盒)、游戏纸：花瓣雨(见活动十四：花瓣雨)
角色活动区域	• 提供一个床垫，上面放枕头、小毯子等，同时提供两个娃娃或玩偶 • 收集幼儿的小衣服、袜子，爸爸妈妈的衣物、鞋帽及用品 • 提供让幼儿撕纸团捏的黄色、白色皱纸、一次性纸杯筒、勺(见活动七：爆米花(一))
语言活动区域	• 绘本《谁藏起来了》《捉迷藏系列》《蹦》 • 《滚滚不见了》图书(见活动十五、十六：滚滚不见了)
建构活动区域	• 各种颜色、花纹和图案的盒子(见活动十二：盒子动物园) • 收集各种小汽车，拼装轨道、大小盒子组成的停车场

月学习活动建议表

	星期一	星期二	星期三	星期四	星期五
第一周	**活动一** 点名	**活动二** 我爱我的幼儿园	**活动三** 大皮球（一）	**活动四** 我是小帮手	**活动五** 一碗酒酿汤圆
第二周	**活动六** 我爱我的好妈妈	**活动七** 爆米花（一）	**活动八** 爆米花（二）	**活动九** 有趣的盒子	**活动十** 大皮球（二）
第三周	**活动十一** 太阳眯眯笑（一）	**活动十二** 盒子动物园	**活动十三** 春天里，桃花开	**活动十四** 花瓣雨	**活动十五** 滚滚不见了（一）
第四周	**活动十六** 滚滚不见了（二）	**活动十七** 洗手歌	**活动十八** 太阳眯眯笑（二）	**活动十九** 小司机	**活动二十** 唱数乐

活动一：点名

领域	情感与社会性发展、认知发展、语言发展
活动资源	1. 贴有全班幼儿照片的晨检板 2. 游戏书下：笑脸宝宝点个赞（贴纸）
活动目标	1. 在看看、讲讲、玩玩中，熟悉同伴的姓名，引发关心同伴的意识。 2. 体验集体生活的快乐。

活 动 过 程	时间（分钟）
一、引发动机 老师请幼儿围坐在老师身边，看看晨检插板上的照片，说说姓名，指指这位小朋友在哪里。	2~3
二、主要活动 1. 老师报某幼儿姓名，与幼儿一起找找他在哪儿。 　● 老师边拍手边说：小明、小明在哪里？幼儿找到后用手点点：小明、小明在这里。 　● 老师逐一将每位幼儿的姓名都说一遍。 2. 老师示范点名说"到"，然后逐一进行点名活动。 　请幼儿仔细听，叫到名字的幼儿一边举一下手，一边说"到"，没叫到名字的幼儿不出声，仔细听。 3. 老师请幼儿说说：谁没来？为什么呢？ 　● 请幼儿仔细看看周围，说说谁没来。老师与幼儿一起回忆该幼儿的特征。 　● 猜猜他为什么没来。	8~10
三、综合活动、总结 老师用手指点数幼儿，幼儿跟随老师一起唱数。	2~3

保教活动评估

1. 能关注周围同伴是否来园。
2. 能熟悉同伴姓名并能说出四五个。

活动二：我爱我的幼儿园

领域	情感与社会性发展、认知发展、习惯养成	
活动资源	1. 幼儿用书第2～3页 2. 游戏书下：笑脸宝宝点个赞	
活动目标	1. 通过寻找游戏，尽快熟悉班级环境和设施，提高主动参与集体活动的积极性。 2. 增强对集体环境的归属感。	
活 动 过 程		时间(分钟)
一、引发动机 老师念儿歌：幼儿园，像我家。老师爱我我爱她。小伙伴们一起玩，朋友多呀真热闹。 请幼儿跟说儿歌，说说来幼儿园的开心事。		2～3
二、主要活动 1. 指认两位班主任老师，说说老师的名字。 　● 指着某位老师，问：她是谁？若幼儿说对了，老师则说：对对对，我是×老师。大家好！ 　● 老师移动到教室中的某个环境，请幼儿说说老师的名字。 2. 老师与幼儿一起指指、说说教室里的环境。 　玩游戏"宝宝、宝宝快快来"。老师说班级中的某个地方，幼儿（分批）快速走到那里。 3. 看幼儿用书：我爱我的幼儿园，看看说说幼儿园里相应的区域名称及功能。		8～10
三、综合活动、总结 老师带幼儿到幼儿园的环境中散步，边走边说：这是哪里？		2～3

保教活动评估

1. 能很快熟悉班级环境。
2. 能对班级老师、同伴和环境有好感。
3. 能在老师引导下积极体验幼儿园环境。

活动三：大皮球(一)

领域	动作发展、艺术表现
活动资源	1. 大皮球实物 2. 游戏书下：笑脸宝宝点个赞(贴纸) 3. 儿歌《大皮球》
活动目标	1. 能跟着儿歌内容和节奏做律动，愿意跟学。 2. 增强肢体协调能力。

活动过程	时间(分钟)
一、引发动机 老师出示实物大皮球，与幼儿一起玩球。	2~3
二、主要活动 1. 老师念：大皮球，圆又圆；拍一拍，跳一跳；拍得轻，跳得低，拍得重，跳得高；拍拍拍，跳跳跳。皮球漏气咯! 让幼儿说说儿歌里说了什么。说到什么就学什么动作。 2. 老师边念儿歌边做律动。 老师请幼儿欣赏律动，也鼓励幼儿愿意的话一起跟学。 3. 幼儿在老师带领下跟学。 ● 老师边念儿歌边做律动，语速慢些，让幼儿跟学。 ● 老师用每句话重复的方式让幼儿跟学动作。	8~10
三、综合活动、总结 老师将皮球放气，然后再给皮球充气。 重复一遍，请幼儿边看边模仿放气、打气的动作和声音：气—气—气—气—。	2~3

保教活动评估

1. 能愿意跟学律动。
2. 能较协调地模仿动作。

活动四：我是小帮手

领域	情感与社会性发展、认知发展、习惯养成
活动资源	1. 幼儿用书第4～5页 2. 游戏书下：笑脸宝宝点个赞（贴纸）
活动目标	1. 愿意帮忙做事，知道使用过的玩具、物品要物归原处。 2. 感受自己解决问题的快乐。 3. 增强动手劳动的好习惯。

活动过程	时间（分钟）
一、引发动机 1. 老师请幼儿自己搬小椅子到老师身边坐下。 2. 老师夸夸幼儿是能干的孩子，能够自己的事情自己做。	2～3
二、主要活动 1. 一起看学生书：我是小帮手。 　● 请幼儿翻阅学生书，找到和老师一样的那一页（我是小帮手）。 　● 说说图上的宝宝在干什么？ 　● 学学图上宝宝的动作，老师夸夸宝宝：宝宝、宝宝真能干。 2. 为小帮手点赞：小帮手，真能干。 　分别请幼儿完成一些小任务：搬椅子、扔垃圾、移动物品、相互戴围兜等等，完成任务后大家一起相互夸夸：小帮手，真能干。	8～10
三、综合活动、总结 启发幼儿在家中为家长做小帮手。	2～3

保教活动评估

1. 自己能做的事情愿意自己做。
2. 能有物品归位的习惯。
3. 能享受帮助别人解决问题的快乐。

活动五：一碗酒酿汤圆

领域	情感与社会性发展、认知发展、动作发展、艺术表现
活动资源	1. 幼儿用书下第6页 2. 游戏书下：一碗酒酿汤圆 3. 游戏书下：笑脸宝宝点个赞（贴纸） 4. 幼儿每人一小碗酒酿汤圆 5. 儿歌 　元宵节,吃元宵。碗拿来,勺拿好,盛碗酒酿小汤圆,大家一起过元宵。
活动目标	1. 初步了解元宵节的名称,知道元宵节吃元宵的风俗。 2. 乐意与同伴分享食物。 3. 增强与老师、同伴在一起的快乐。

活动过程	时间(分钟)
一、引发动机 结合生活活动,大家一起品尝一碗酒酿汤圆,让幼儿说说感受：有什么、颜色、味道、口味等。	2~3
二、主要活动 1. 欣赏幼儿用书：一碗酒酿汤圆。 　请幼儿说说看到了什么,回味品尝的美好感受。 2. 一起说说元宵节的名称、元宵、元宵灯。 　● 可以结合孩子的生活经验,说说体验,如在哪里、和谁一起等。 　● 让幼儿知道,这是中国的传统佳节,一起过节很快乐。 3. 示范添画汤圆。 　● 老师念：元宵节,吃元宵。碗拿来,勺拿好,盛碗酒酿小汤圆,大家一起过元宵。 　● 边念儿歌边示范画汤圆。 4. 幼儿在游戏书(一碗酒酿汤圆)相应位置添画汤圆,老师巡回帮助。 　鼓励幼儿关注"封口的圆"。	8~10
三、综合活动、总结 老师将幼儿的作品展示出来,大家一起欣赏。	2~3

保教活动评估

1. 能知道元宵节的名称。
2. 能在老师帮助下完成添画画圆。

活动六：我爱我的好妈妈

领域	情感与社会性发展、动作发展、艺术表现
活动资源	1. 游戏书下：我爱我的好妈妈 2. 歌曲《我的好妈妈》
活动目标	1. 欣赏歌曲，感受歌曲的优美。 2. 知道妈妈要过"三八节"，增强对妈妈的爱。

活 动 过 程	时间(分钟)
一、引发动机 简单介绍"三八节"，让幼儿知道名称，了解那天是妈妈的节日，要让妈妈开心。	2~3
二、主要活动 1. 老师放歌曲，一起欣赏。 **我的好妈妈** 1=F 2/4 3 3 5 2 2 | 1 0 | 3 3 5 6 6 | 5 0 | 2 3 5 6 | 3 2 3 0 | 5 6 5 3 | 2 0 | 我的　好妈妈，　下班　回到家，　劳动了一天　多么辛苦呀 3·3 3 2 | 1 6 5 0 | 3·3 3 2 | 1 6 5 0 | 5 6 1 2 | 3 - | 5 3 5 6 6 | 5 3 2 0 | 妈妈 妈妈 快坐下，妈妈 妈妈 快坐下，请喝一杯茶　让我　亲亲您吧 5 3 5 6 6 | 5 3 2 0 | 5 3 3 2 | 1 - | 3·5 | 2 0 2 0 | 1 0 ‖ 让我　亲亲您　吧，我的 好妈妈，　我的 好　妈妈。 说说听到歌曲里唱了什么，跟着歌曲学学动作。 2. 老师出示游戏书中的"我爱我的好妈妈"，示范撕纸、贴纸。 　　在示范时重点强调妈妈的头发长长的、卷卷的、多多的，来引发幼儿撕长条、撕得多的兴趣。 3. 幼儿操作，老师巡回帮助。 　　通过个别指导、将某位幼儿作品进行及时展示分享等方法对幼儿进行帮助，鼓励幼儿大胆尝试。	8~10

续 表

活 动 过 程	时间(分钟)
三、综合活动、总结 看着自己的作品,欣赏歌曲。 激发幼儿对自己完成作品的成就感,鼓励幼儿将自己的作品作为礼物送给妈妈,并给妈妈说句祝福的话。	2~3

保教活动评估

1. 能知道妈妈在"三八节"过节。
2. 能尝试自己撕纸贴纸。
3. 能对妈妈有喜爱的情感。

活动七：爆米花（一）

领域	动作发展、语言发展、情感与社会性发展
活动资源	1. 幼儿用书 下 第 7 页 2. 爆米花 3. 儿歌《爆米花》
活动目标	1. 喜欢有韵律的儿歌，并能边做动作边念儿歌。 2. 增强儿歌韵律的感受能力。

活动过程	时间（分钟）
一、引发动机 1. 老师出示爆米花，并看看、说说爆米花的制作过程，让幼儿感受爆米花爆花时的爆发力。 2. 大家一起分享爆米花，边感受边说说气味、口感等。	2～3

二、主要活动
1. 老师出示学生书中的"爆米花"，说说幼儿用书上宝宝在干什么，身边都有什么。
2. 老师带领幼儿玩躲藏小手的游戏：小手拍拍，小手拍拍，小手举起来；小手拍拍，小手拍拍，小手藏起来。
引发幼儿通过手指游戏玩"爆米花"的兴趣。
3. 老师边念儿歌边做手指游戏：小妞妞，过家家。吃点啥？爆米花。嘭——啪！
● 老师先示范，念儿歌的语速稍慢些。
    小妞妞，（伸出双手小指）
    过家家。（小指对碰）
    吃点啥？（手掌对拍后摊开）
    爆米花。（双手对握）
    嘭——啪！（双手爆炸般打开）
● 反复几遍，引发幼儿主动跟学。
4. 幼儿跟学手指游戏。
  ● 在老师带领下跟学。
  ● 老师边示范边巡回，帮助幼儿完成动作。
	8～10

三、综合活动、总结 游戏：爆米花。老师和幼儿围成圈，老师跟着儿歌逐一拍幼儿的肩，到"嘭——啪！"时，幼儿跳起来。	2～3

单元名称：玩玩玩

保教活动评估

1. 能喜欢有韵律的儿歌。
2. 能跟着儿歌韵律念儿歌。

活动八：爆米花（二）

领域	动作发展、语言发展、情感与社会性发展
活动资源	1. 幼儿用书 下 第 7 页 2. 儿歌《爆米花》
活动目标	1. 跟随儿歌韵律模仿学说，享受手指游戏的乐趣。 2. 增强手指的灵活性。

活 动 过 程	时间(分钟)
一、引发动机 1. 老师出示幼儿用书中的"爆米花"，一起回忆儿歌。 2. 幼儿说到哪里，老师用儿歌语言回应。	2～3
二、主要活动 1. 老师示范手指谣《爆米花》，带领幼儿念儿歌。 • 和幼儿一起回忆完整的儿歌。 • 老师边念儿歌边示范手指谣。 2. 老师与幼儿一起，边念儿歌边做手指游戏：小妞妞，过家家。吃点啥，爆米花。嘭——啪！ • 老师引导幼儿完整做手指游戏。 • 老师边示范边巡回指导幼儿，完成手指动作。 • 请幼儿自由结伴完成手指谣。 3. 幼儿自由玩手指游戏。 老师鼓励幼儿进行重复玩、独立玩、结伴玩的兴趣。	8～10
三、综合活动、总结 游戏：爆米花。老师和幼儿围成圈，老师跟着儿歌逐一点幼儿的头，到"嘭——啪！"时，幼儿跳起来。	2～3

保教活动评估

1. 能跟着儿歌韵律边念儿歌边玩手指游戏。
2. 能提高手指的灵活性。

单元名称：玩玩玩

活动九：有趣的盒子

领域	动作发展、认知发展
活动资源	1. 事先请幼儿家庭一起收集各种纸盒（小房子牛奶盒、点心盒、鞋盒等） 2. 游戏书上：有趣的盒子
活动目标	1. 通过玩耍各种幼儿自己带来的盒子，体验探索的乐趣。 2. 尝试完成两个以上的指令。

活动过程	时间(分钟)
一、引发动机 请幼儿和老师一起将收集的盒子拿出来。	2～3

二、主要活动
1. 夸夸幼儿能干，说说谁拿的盒子最多。
2. 老师与幼儿一起看看、说说有哪些盒子，说说、比比盒子有什么不一样。
3. 老师让幼儿自由玩盒子：打开、合上、排队、垒高、大套小，等等。
  • 老师为幼儿提供宽敞的场地，让幼儿自由选择盒子，随意玩。
  • 老师在巡回观察中将幼儿不同的选择和玩法予以支持和帮助。
  • 老师与幼儿一起分享不同的玩法，引发幼儿继续玩的兴趣。
4. 老师请幼儿根据盒子不同特点（大小、形状、颜色等），提两个指令，请幼儿分类摆放。
	8～10

三、综合活动、总结 1. 收拾整理。 请幼儿想办法一次拿多个盒子的方法整理。 2. 出示操作游戏书下，引发幼儿主动尝试连线。	2～3

保教活动评估

1. 能有主动玩盒子的兴趣。
2. 能完成老师两个以上的指令。
3. 能独立完成连线游戏。

活动十：大皮球(二)

领域	动作发展、艺术表现	
活动资源	1. 大皮球实物 2. 儿歌《大皮球》	
活动目标	1. 对律动儿歌熟悉，能主动跟着律动的节奏做动作。 2. 增强肢体协调能力。	
活动过程		时间(分钟)
一、引发动机 老师出示实物大皮球，念儿歌示范拍球。		2～3
二、主要活动 1. 老师念："大皮球，圆又圆；拍一拍，跳一跳；拍得轻，跳得低，拍得重，跳得高；拍拍拍，跳跳跳。皮球漏气咯！"幼儿跟学。 • 老师通过示范对律动进行演示。 • 与幼儿一起回忆律动的动作。 2. 老师边念儿歌边做律动。 请幼儿在老师的示范下，大胆自由模仿。 3. 幼儿在老师带领下一起做律动。 • 幼儿跟着做。 • 幼儿自由结伴做，老师鼓励幼儿动作到位。		8～10
三、综合活动、总结 游戏：给皮球打气。幼儿做皮球，老师说皮球漏气咯，幼儿自由慢慢倒下；老师说"打气"，然后学打气的动作，幼儿慢慢站起。		2～3

保教活动评估

1. 能愿意跟学律动。
2. 能较协调地模仿动作。
3. 能享受游戏乐趣。

活动十一：太阳眯眯笑(一)

领域	动作发展、艺术表现
活动资源	1. 幼儿用书 下 第8～9页 2. 儿歌《太阳眯眯笑》
活动目标	1. 喜欢模仿老师和同伴做律动。 2. 享受律动的乐趣。

活动过程	时间(分钟)
一、引发动机 欣赏老师的律动，引发幼儿的兴趣。	2～3
二、主要活动 1. 老师解读儿歌中的动作：太阳眯眯笑，宝宝起得早。来到幼儿园，一起做早操。伸伸臂，伸伸臂；踢踢腿，踢踢腿；弯弯腰，弯弯腰；转个圈，转个圈。跳跳跳，跳跳跳。宝宝长得高，宝宝身体好，身、体、好！ • 老师念儿歌，请幼儿说说听到什么。 • 当幼儿说到哪个动作，老师就根据律动正确示范。 • 请幼儿逐个模仿动作。 2. 幼儿在老师带领下跟学动作。 鼓励幼儿完整跟学的意愿，引发幼儿模仿的快乐情绪。 3. 完整做律动，幼儿跟学。 • 老师示范带领幼儿一起做律动。 • 老师巡回带领，引发所有幼儿跟学的兴趣。	8～10
三、综合活动、总结 鼓励幼儿自由结伴，一起做律动。	2～3

保教活动评估

1. 能有兴趣模仿做动作。
2. 能享受律动的乐趣。

活动十二：盒子动物园

领域	艺术表现、认知发展、动作发展	
活动资源	1. 幼儿用书下第10～11页 2. 游戏书下：盒子动物园 3. 包装成动物身体花纹的各种盒子	
活动目标	1. 用各种盒子按照颜色、花纹和图案进行垒高拼搭。 2. 增强探索表现的能力。	
活 动 过 程		时间(分钟)
一、引发动机 一起翻阅幼儿用书，找找幼儿用书中哪里有小动物。看看有没有幼儿发现很多页面上的小蜜蜂。自由找找、说说小蜜蜂在哪里。		2～3
二、主要活动 1. 看看、说说盒子动物园里有什么动物。 　● 让幼儿自己找找书上的"盒子动物园"在哪里，鼓励幼儿自己一页一页翻阅。 　● 说说看到了什么动物。 2. 老师请幼儿一起帮忙拿出包装成动物身体花纹的各种盒子。 　● 引导幼儿发现盒子动物园的材料筐，看看有多少。 　● 请幼儿想想试试，把材料筐搬到操作区。 3. 请幼儿自由玩动物盒子拼搭。 　● 让幼儿自由摆弄材料盒子，观察幼儿摆弄的过程。 　● 老师巡回观察参与，不急于提供正确结果，让幼儿自由摆放。 4. 拼搭过程中搭搭、说说。 老师适当提问，如： 　● 这些盒子一样吗？ 　● 你拿的盒子会变成什么动物呀？ 　● 竖起来叠高可以变小动物，横过来排排队，能变小动物吗？		8～10
三、综合活动、总结 　● 结束时大家一起欣赏搭好的盒子动物园，说说一起完成的同伴和方法。 　● 大家一起将盒子动物园的材料放到区域活动中，激发幼儿以后再次去尝试的兴趣。 　● 教师出示游戏书下"盒子动物园"，引导幼儿玩涂色游戏。		2～3

单元名称：玩玩玩

保教活动评估

1. 能与同伴一起完成垒高拼搭。
2. 能享受探索和一起玩的乐趣。

活动十三：春天里，桃花开

领域	艺术表现、认知发展、语言发展
活动资源	1. 幼儿用书第 12～13 页 2. 儿歌《春天里，桃花开》
活动目标	1. 欣赏桃花的美，知道三月是桃花盛开的时候。 2. 增强好奇心和探究欲望。

活 动 过 程	时间(分钟)
一、引发动机 1. 老师示范将书翻到幼儿用书"春天里，桃花开"。 2. 请每位幼儿到老师这里取一本学生书，尝试自己翻到这一页。	2～3

二、主要活动
1. 欣赏幼儿用书"春天里，桃花开"。
  • 请幼儿看看说说看到了什么。
  • 想想，自己有没有看到过桃花，在哪里看到的？
2. 欣赏儿歌《春天里，桃花开》：红红小脸一排排，春风吹来乐开怀，轻轻摇摆人人爱。
  • 老师念儿歌，请幼儿看画面。
  • 再次重复，引发幼儿仔细观察桃花的兴趣。
3. 老师根据画面解读儿歌，并请幼儿学说儿歌。
老师根据儿歌，向幼儿进行启发性提问，如：
  • 桃花什么时候开呀？
  • 桃花有什么颜色？
  • 你喜欢桃花吗？
  • 学学桃花，听到"春风吹来乐开怀，轻轻摇摆人人爱"时轻轻摇摆身体。
  • 看着画面，跟着老师一起学念儿歌。
	8～10

三、综合活动、总结 到校园、花园或小区散步，找找生活周围的桃树和春天里的花。	2～3

保教活动评估

1. 能知道桃花是春天里开的。
2. 能对桃花产生美好的感受。
3. 愿意跟念儿歌。

活动十四：花瓣雨

领域	动作发展、艺术表现
活动资源	1. 幼儿用书下 第12～13页 2. 游戏书下：花瓣雨 3. 一块大而透明的一次性桌布
活动目标	1. 提高涂色和撕纸的能力。 2. 增强手部精细动作的练习。 3. 享受游戏乐趣。

活动过程	时间(分钟)
一、引发动机 老师出示学生书中的"春天里,桃花开",请幼儿在老师启发下回忆儿歌。	2～3
二、主要活动 1. 老师出示游戏书中的"花瓣雨",欣赏图上的桃花。 　● 看看、说说画面上有什么？小朋友在干什么。 　● 引发幼儿参与撕纸活动：花瓣雨。(将游戏书下"花瓣雨"中的桃花瓣撕下) 2. 老师将一次性桌布铺于地上,与幼儿一起围坐在桌布边上。 3. 老师在桌布上示范撕纸,将纸撕成细碎细碎的"花瓣"。 　● 示范撕纸,重点强调"撕得小、撕得多"。 　● 老师巡回指导,鼓励幼儿自己撕。 4. 让幼儿自由玩抛撒"花瓣"的游戏。 　● 老师请幼儿站起来,自由抓起"花瓣"抛撒。 　● 重复多次,老师巡回,将"花瓣"撒向幼儿上空。 5. 请幼儿与老师一起抓住桌布的边,围圈走,老师边走边念：花瓣花瓣下雨咯,什么雨？花瓣雨。哗啦啦……然后将花瓣一起抖出来。 　● 请幼儿站起来,并每人双手抓紧桌布的边缘。 　● 老师与幼儿一起轻轻抖动桌布,当老师说"花瓣雨,哗啦啦……"后一起提起桌布,用力将"花瓣"撒出来。 　● 请幼儿捡拾撒落到地面的"花瓣",并放回到桌布上,重复游戏。尝试在老师念儿歌"花瓣花瓣下雨咯,什么雨？花瓣雨。哗啦啦……"时围圈走。 　● 游戏重复进行,让幼儿尽兴。	8～10
三、综合活动、总结 请幼儿帮忙将纸片捡干净,收集起来以后再玩。	2～3

保教活动评估

1. 能将纸片尽可能撕成小片。
2. 能享受游戏乐趣。

 活动十五：滚滚不见了（一）

领域	语言发展、情感与社会性发展	
活动资源	幼儿用书（下）第14～19页	
活动目标	1. 能安静听完故事。 2. 对故事的情节有兴趣，愿意重复听和看故事。 3. 启发想象力。	
活动过程		时间(分钟)
一、引发动机 1. 老师出示幼儿用书中的"滚滚不见了"，引发幼儿兴趣。 2. 引导宝宝说说故事名称，上面有谁，长得怎么样。		2～3

二、主要活动
1. 老师边翻阅书，边完整讲故事。
  ● 在讲故事过程中，根据画面提示，进行启发式提问，如：熊猫滚滚在哪里呀？熊猫滚滚滚到哪里去了？熊猫滚滚又滚到哪里去了？……
  ● 老师只提问，不做回答。引发幼儿仔细倾听故事、看画面。
2. 老师给幼儿提供翻阅故事书的机会，积极感受故事。
  ● 老师将幼儿用书发给幼儿，让幼儿自由翻看。
  ● 老师巡回指导，学说句子：滚呀滚呀，咦，熊猫滚滚不见了。
3. 老师再次完整讲故事，请幼儿一起翻阅，并跟说：滚呀滚呀，咦，滚滚不见了。
		8～10

三、综合活动、总结
游戏：滚滚不见了。
  ● 老师请幼儿做熊猫滚滚，用转圈表示"滚"。
  ● 老师讲故事，幼儿学滚滚，跟讲故事，最后"滚"到老师身边，与老师拥抱。
		2～3

保教活动评估

1. 能说出故事的名称和人物。
2. 能和老师一起翻阅。
3. 能对游戏有兴趣。

活动十六：滚滚不见了(二)

领域	语言发展、情感与社会性发展	
活动资源	幼儿用书下第14～19页	
活动目标	1. 愿意跟着老师引导逐页翻看图书。 2. 尝试跟着故事复述重复句：咦，滚滚不见了。 3. 增强理解力和表达能力。	
活动过程		时间(分钟)
一、引发动机 1. 老师出示幼儿用书：滚滚不见了。 2. 引导幼儿说说：故事名称，上面有谁，长得怎么样。		2～3
二、主要活动 1. 老师边翻阅书讲故事，边与幼儿一起回忆。 　根据画面提示，进行启发式提问，如： 　● 熊猫滚滚在哪里呀？ 　● 熊猫滚滚滚到哪里去了？ 　● 熊猫滚滚又滚到哪里去了？ 　　…… 2. 幼儿自由翻阅图书。 　● 老师根据幼儿翻阅的内容讲故事。 　● 老师巡回指导，鼓励幼儿说句子：滚呀滚呀，咦，熊猫滚滚不见了。 3. 老师请幼儿一起翻阅并与幼儿一起完整讲故事。 　● 帮助幼儿找到故事的起始页，提醒幼儿一页一页翻看。 　● 老师在第二遍时请幼儿一起跟说：滚呀滚呀，咦，熊猫滚滚不见了。		8～10
三、综合活动、总结 游戏：滚滚不见了。 　● 老师请幼儿扮演熊猫滚滚，用转圈表示"滚"。 　● 老师讲故事，幼儿学滚滚，跟讲故事。 　● 最后"滚"到老师身边，与老师拥抱。		2～3

保教活动评估

1. 能说出故事的名称和人物。
2. 能一起翻阅，并跟说句子：滚呀滚呀，咦，滚滚不见了。
3. 能积极参与游戏，表现愉悦。

活动十七：洗手歌

领域	习惯养成、动作发展、语言发展
活动资源	1. 幼儿用书下第 21～22 页 2. 游戏书下：我会洗手 3. 录制一段幼儿正确洗手的小视频 4. 儿歌《洗手歌》
活动目标	1. 尝试通过儿歌学习正确洗手的步骤。 2. 培养正确洗手的好习惯。

活 动 过 程	时间(分钟)
一、引发动机 1. 游戏：小手拍拍。 　● 小手拍拍,小手拍拍,小手举起来；小手拍拍,小手拍拍,小手藏起来。 　● 1、2、3,小手出来了！ 2. 请幼儿跟着儿歌做动作。	2～3
二、主要活动 1. 老师播放视频,请幼儿说说洗手的方法。 　● 看看、说说小朋友们在干什么。 　● 请幼儿学学怎么洗手。 2. 学习正确洗手。 　● 老师边念儿歌,边模仿洗手：打开水龙头,小手淋一淋。关上龙头抹肥皂。手心手背手指缝,指尖也要搓一搓。打开龙头冲干净,关上龙头擦擦毛巾。 　● 让幼儿自由说说、学学儿歌里的动作。 3. 分解儿歌,请幼儿跟学洗手的正确步骤。 　● 老师根据儿歌,一句一句让幼儿边说边模仿动作。 　● 请幼儿说说洗手的正确顺序。 　● 再次观看视频,念念、学学。	8～10
三、综合活动、总结 游戏："我会洗手"贴纸。 　● 老师念儿歌巡回帮助幼儿,根据儿歌的步骤把游戏书下贴纸 3 中的洗手贴纸撕下,粘贴在游戏书下"我会洗手"相应框中。	2～3

续 表

活 动 过 程	时间(分钟)
• 将游戏书下放在区域游戏的环境中,让幼儿有机会反复练习。 • 引发幼儿在日常生活中根据儿歌正确洗手的兴趣。告诉幼儿,老师会将正确洗手的幼儿的照片贴在生活区和盥洗区,并放到家长群中分享。	

保教活动评估

1. 能知道洗手的正确步骤。
2. 能根据儿歌尝试摆放洗手顺序。
3. 愿意根据正确步骤洗手。

活动十八：太阳眯眯笑（二）

领域	动作发展、艺术表现	
活动资源	1. 幼儿用书（下）第8～9页 2. 儿歌《太阳眯眯笑》	
活动目标	1. 能较熟练地跟着律动完整完成律动。 2. 增强身体协调能力。	
活动过程		时间(分钟)
一、引发动机 1. 欣赏老师律动，引发幼儿跟学的兴趣。 2. 启发幼儿自由说说、做做律动动作，唤醒记忆。		2～3
二、主要活动 1. 老师解读儿歌动作：太阳眯眯笑，宝宝起得早。来到幼儿园，一起做早操。伸伸臂，伸伸臂；踢踢腿，踢踢腿；弯弯腰，弯弯腰；转个圈，转个圈。跳跳跳，跳跳跳。宝宝长得高，宝宝身体好，身、体、好！ • 老师念儿歌，请幼儿说说听到了什么。 • 当幼儿说到哪个动作，老师就根据律动正确示范。 • 请幼儿逐个模仿动作。 2. 幼儿在老师带领下跟学动作。 • 鼓励幼儿完整跟学的意愿，引发幼儿模仿的快乐情绪。 • 重复几遍，鼓励所有幼儿积极参与。 3. 完整做律动，幼儿跟学。 • 老师示范带领幼儿一起做律动。 • 老师巡回带领，引发所有幼儿跟学的兴趣。		8～10
三、综合活动、总结 鼓励幼儿自由结伴，一起做律动。		2～3

保教活动评估

1. 能有兴趣模仿做动作。
2. 能较协调地完成律动。

活动十九：小司机

领域	动作发展、认知发展、情感与社会性发展
活动资源	1. 游戏书下：小司机 2. 歌曲《开开我的小汽车》
活动目标	1. 能绕障碍跑。 2. 增强身体协调能力。 3. 享受运动游戏的乐趣。

活动过程	时间(分钟)
一、引发动机 出示游戏书，引导幼儿说说看到了什么。	2～3
二、主要活动 1. 老师引导幼儿说说对汽车的认知。 　● 请幼儿根据生活经验说说有哪些车，什么样子的(颜色、声音等)。 　● 启发幼儿说说警车、救火车、洒水车、救护车有什么用。 2. 欣赏歌曲，老师模仿小司机在空场地开车。 　　　　　　　**开开我的小汽车** 　　　　　开开我的小汽车，开开我的小汽车， 　　　　　开开我的小汽车，开开我的小汽车，滴！滴！ 　● 老师播放歌曲，听听歌曲中唱了些什么。 　● 老师做小司机，在歌曲中开小汽车。 　● 请幼儿在歌曲中一起玩开车游戏。 　● 老师变换歌曲速度，一会儿快、一会慢、一会儿停止，让幼儿做出相应的动作反应。 3. 在空场地上用小椅子或其他物品做成障碍，跟着老师在歌曲《开开我的小汽车》中绕过障碍，模仿在马路上开车。	8～10
三、综合活动、总结 1. 老师启发幼儿学学警车、救火车、洒水车、救护车的声音。 2. 玩游戏书，将车撕下，自由在"马路"上开，边开边发出相应的声音。	2～3

保教活动评估

1. 能说出几种常见的车。
2. 能协调地绕障碍跑。
3. 能享受游戏的乐趣。

 活动二十：唱数乐

领域	认知发展、情感与社会性发展
活动资源	1. 幼儿用书 下 第22～23页 2. 手指谣
活动目标	1. 尝试口头数数1～10。 2. 增强对数字的兴趣。 3. 享受与成人游戏的快乐。

活动过程	时间(分钟)
一、引发动机 1. 欣赏手指游戏：手指歌。 　一个手指点点点，两个手指剪剪剪，三个手指弯弯弯，四个手指叉叉叉，五个手指开朵花。 2. 重复，并请幼儿跟着儿歌两只手一起学学。	2～3
二、主要活动 1. 老师请幼儿模仿用手势表示数字(一只手模仿、两只手模仿)。 　● 老师逐一从1～10说数字，并用两只手一起示范，让幼儿自由选择一只手或两只手跟学。 　● 老师逐一从1～10说数字，并用两只手一起示范，请幼儿两只手跟学。老师巡回帮助。 　● 老师说数字，幼儿用手势表示。 　● 老师说数字，老师和幼儿一起用手势表示，比比谁最快。 2. 老师有节奏地念数字，请幼儿跟念。 　● 1-2-、3、4、5-、6-7-、8、9、10-； 　● 1、2、3-、4、5、6-、7、8、9-、10； 　● 1、2、3、4、5-、6、7、8、9、10-…… 3. 老师与幼儿进行变节奏唱数。(快、慢) 　老师用拍手来控制唱数的速率，当老师停止拍手时幼儿也必须停止说话。	8～10
三、综合活动、总结 出示幼儿用书，请幼儿回家后与爸爸妈妈玩唱数的游戏。	2～3

保教活动评估

1. 能在成人帮助下唱数 1~10。
2. 能尝试用手势表示数字。
3. 对唱数有兴趣。

单元名称：牙齿和眼睛保健

保教活动指南

教导重点

2~3岁是幼儿生长发育的关键期，又是能力培养的最佳期。这阶段的幼儿特别喜欢甜甜的糖果和巧克力，爱捧着 iPad 和看电视机，不懂得牙齿和眼睛的重要性。爱护牙齿和眼睛的习惯，需要在成人耐心、细心、温柔的照料和指导下，逐渐形成。

本单元设计安排了一日作息时间、一月活动安排、一日活动计划，为2岁幼儿提供高质量的保教。同时把握幼儿的身心发展特征，顺应他们的发展规律，注重习惯养成、动作发展、语言发展、认知发展、情感和社会性发展、艺术表现之间的相互渗透和整合，促进整体、和谐发展。

小小提醒

教师作为幼儿成长的指导者，本单元向教师推荐了20个行之有效的集体活动。以幼儿为本，尊重幼儿发展的主体性和主动性，创设适宜的环境，提供丰富多样的材料，支持幼儿的直接操作与自主感知体验，使幼儿在生动有趣的环境和活动中主动学习，协助教师帮助养成刷牙和用眼的良好习惯。

保教学习内容网

牙齿和眼睛保健

习惯养成
- 能力
  1. 知道保护牙齿很重要。
  2. 学会正确的刷牙方法。
  3. 知道不能用脏手揉眼睛，养成良好的卫生习惯。
- 意愿
  1. 愿意学习漱口的好方法。
  2. 体验在游戏中学刷牙的乐趣。

艺术表现
- 欣赏
  感知歌曲的旋律和节奏。
- 表现
  1. 愿意和老师一起学唱歌曲《牙齿亮晶晶》。
  2. 尝试用撕纸黏贴的方法让牙齿变白，体验帮助刷干净牙齿的快乐。
  3. 乐意用撕的方法自制面具。

动作发展
- 大肌肉
  借助肢体动作，感知与同伴一起学念儿歌的快乐。
- 小肌肉
  用撕贴的方法制作作品，享受创作的乐趣。

语言发展
- 能力
  1. 愿意安静地倾听儿歌《大鲸鱼》。
  2. 喜欢聆听儿歌，理解儿歌并乐意模仿儿歌中的语言。
  3. 愿意说出水果的名称和颜色。
  4. 跟随儿歌的韵律进行拍手游戏，并模仿学说。
- 意愿
  1. 体验与同伴一起听故事的快乐氛围。
  2. 用动作体验儿歌中表情的有趣。

情感与社会性发展
- 品格
  1. 乐意照镜子学习不同的表情，体会自己的情绪变化。
  2. 享受聆听儿歌的乐趣。
- 社会互动
  能倾听老师的口令，点出自己的五官。

认知发展
- 能力
  1. 乐意根据灯谜的谜面去发现鲸鱼的外形特征。
  2. 能口头数数1~10，感知"1"和许多。
  3. 能回答和执行较复杂的认知任务，知道有些食物有助于牙齿的健康。
  4. 能按老师的口令找出相应的水果。
- 意愿
  1. 感知与同伴一起猜灯谜和寻找大鲸鱼的快乐。
  2. 体验点数的快乐。

活动区域布置参考

区域	情 境 布 置
主题活动区域	• 与眼睛、牙齿相关的图片(见幼儿用书里的鲸鱼形象等图片) • "漱口好宝宝"记录表(见活动四：爱漱口的好宝宝) • "我会刷牙"中刷牙好方法的照片 • "照镜子"的表情图(见活动十二：照镜子)
生活活动区域	• 提供漱口和刷牙方法步骤图，让幼儿学一学漱口和刷牙的方法(见活动四：爱漱口的好宝宝)
艺术活动区域	• 教师事先用黏土制作成黏土小鲸鱼，提供幼儿白色黏土让幼儿做小白牙齿，给小鲸鱼装上 • 事先准备小黄牙的活动纸，教师准备白色颜料和棉签，让幼儿用棉签蘸白色颜料刷白牙齿(见活动七：小小牙医) • 提供贴眼睛的小动物图纸，让幼儿给小动物贴对称的眼睛(见活动十四：贴眼睛) • 为幼儿准备颜料，给面具涂上颜色，戴上进行角色活动(见活动十五：化妆小达人)
角色活动区域	• 化妆舞会的面具、纱巾等，给予幼儿小舞台进行表演(见活动十五：化妆小达人) • 提供一些小铃及小鼓等乐器，音乐及播放器(见活动五和活动六：牙齿亮晶晶)
语言活动区域	• 提供头饰：小鲸鱼、鲸鱼爸爸和妈妈，故事及播放器(见活动八：我的牙齿不疼了(一)) • 提供镜子一面，让幼儿跟着录音念儿歌；提供表情图片(见活动十三：表情歌) • 提供挂图在墙上，让幼儿念儿歌《拍手歌》等 • 寻找同伴进行点五官的儿歌
建构活动区域	• 提供奶罐让幼儿进行垒高，奶罐上画有大鲸鱼等动物的图案，让幼儿通过垒高，形成大鲸鱼等动物的完整图案

月学习活动建议表

	星期一	星期二	星期三	星期四	星期五
第一周	活动一 小鲸鱼不见了	活动二 大鲸鱼	活动三 几颗牙	活动四 爱漱口的好宝宝	活动五 牙齿亮晶晶（一）
第二周	活动六 牙齿亮晶晶（二）	活动七 小小牙医	活动八 我的牙齿不疼了（一）	活动九 我的牙齿不疼了（二）	活动十 我会刷牙
第三周	活动十一 找朋友	活动十二 照镜子	活动十三 表情歌	活动十四 贴眼睛	活动十五 化妆小达人
第四周	活动十六 眼睛咕噜噜	活动十七 好吃的水果	活动十八 不用脏手揉眼睛	活动十九 拍手歌	活动二十 点五官

单元名称：牙齿和眼睛保健

 活动一：小鲸鱼不见了

领域	认知发展	
活动资源	1. 幼儿用书下第2页 2. 游戏书下：小鲸鱼捉迷藏 3. 海底世界的图片一幅 4. 谜语	
活动目标	1. 乐意根据灯谜的谜面去了解鲸鱼的外形特征。 2. 感知与同伴一起猜灯谜和寻找大鲸鱼的快乐。	
活动过程		时间(分钟)
一、引发动机 导入：出示海底世界的背景图，海底里的小动物你认识哪些？ 小结：宝宝们本领真大，能认识鱼、虾和螃蟹，今天我们带来了一个谜语，猜猜它是谁？		2～3
二、主要活动 1. 听听谜面来猜一猜。 　　小结：原来是小鲸鱼。（一边说谜面，一边慢慢地呈现小鲸鱼的图片） 2. 说说鲸鱼长得什么样？ 　　小结：用谜面里的话语进行小结。 3. 出示游戏书：小鲸鱼捉迷藏，可是它们都藏在哪里呢？你们用探照灯去找找吧！ 4. 幼儿人手拿着一个探照灯在书中寻找。 5. 数一数找到了几条鲸鱼？		8～10
三、综合活动、总结 鲸鱼住在海洋里，身体大大的，还会喷出水，欢迎它下次再来和我们一起玩。		2～3

保教活动评估

1. 能跟随老师专注地观看图片。
2. 能在老师引导下寻找鲸鱼。

活动二：大鲸鱼

领域	语言发展、动作发展、艺术表现、情感与社会性发展
活动资源	1. 幼儿用书下2第3页 2. 幼儿可围坐的垫子、大鲸鱼绒布玩具一个
活动目标	1. 愿意安静地倾听儿歌《大鲸鱼》。 2. 借助肢体动作，感知与同伴一起学念儿歌的快乐。

活动过程	时间(分钟)
一、引发动机 导入：看看谁又来啦？(幼儿围坐在垫子上)	2～3
二、主要活动 1. 欣赏儿歌《大鲸鱼》(边念儿歌，边出示图片)。 • 儿歌里有谁？ • 大鲸鱼的眼睛有什么本领？它的牙齿什么样？ 用儿歌中的语句来小结。 2. 老师借助肢体动作来念儿歌。 3. 幼儿跟着老师一起边做动作，边念儿歌。	8～10
三、综合活动、总结 让每个幼儿来抱抱大鲸鱼并学说：大鲸鱼是我的好朋友。	2～3

保教活动评估

1. 能在老师的帮助下围坐在老师身边。
2. 能在老师的引导下做动作并念儿歌。
3. 能在老师的引导下学说一句话。

单元名称：牙齿和眼睛保健

 活动三：几颗牙

领域	认知发展、动作发展	
活动资源	幼儿用书下第 7 页	
活动目标	1. 能口头数数 1～5，感知"1"和许多。 2. 体验点数的快乐。	
活动过程		时间(分钟)
一、引发动机 导入：小朋友京京来咯。		2～3
二、主要活动 1. 老师手指京京的大嘴巴，提问："数数京京露出来的牙有几颗？" 2. 幼儿自己手口一致地点数，老师巡视，观察幼儿的点数情况。 3. 请个别幼儿上来点数。 4. 伸出"小小棒"（幼儿的右手食指竖起来），一起来点数。 小结："京京有几颗牙？1、2、3、4、5……"		8～10
三、综合活动、总结 京京的牙齿真多呀，你们有几颗牙呢？回家和爸爸妈妈一起数一数。		2～3

保教活动评估

1. 能在老师引导下学着用手指点数 1～5。
2. 能跟着老师和同伴一起点数。

活动四：爱漱口的好宝宝

领域	习惯养成、动作发展、认知发展	
活动资源	游戏书下：爱漱口的好宝宝	
活动目标	1. 愿意学习漱口的好方法。 2. 知道保护牙齿很重要。	
活动过程		时间(分钟)
一、引发动机 导入：今天老师请了小茶杯来帮忙，小茶杯会帮我们做什么呢？ 小结：用小茶杯喝水、用小茶杯漱口，小茶杯是我们的好帮手。		2~3
二、主要活动 1. 交代小茶杯今天的任务：用小茶杯漱口。 2. 个别示范：谁会漱口呢？请××来试一试。 3. 给上来示范的幼儿一张漱口贴纸，教师示范正确的漱口方法。 　　手拿小茶杯，喝口清清水，抬起头闭上嘴，咕噜咕噜吐出水。		8~10
三、综合活动、总结 1. 每个幼儿拿一只小茶杯，和老师一起跟着儿歌学漱口。 小结：宝宝们真棒，漱口很重要，能保护我们的牙齿更健康。 2. 给认真学习的幼儿奖励一张贴纸。 3. 每天提醒幼儿吃完饭后要漱口，对做得好的幼儿奖励粘纸。 4. 一周中如果每天都能认真漱口的幼儿，教师在每周五奖励一颗爱心小鲸 　　鱼贴纸。		2~3

保教活动评估

1. 能在老师引导下学漱口的方法。
2. 能乐意和老师一起练习漱口。

单元名称：牙齿和眼睛保健

活动五：牙齿亮晶晶(一)

领域	艺术表现、情感与社会性发展	
活动资源	1. 幼儿用书 下2 第8~9页 2. 歌曲《牙齿亮晶晶》	
活动目标	1. 愿意和老师一起学唱歌曲《牙齿亮晶晶》。 2. 感知歌曲的旋律和节奏。	
活动过程		时间(分钟)
一、引发动机 导入：老师放《牙齿亮晶晶》的歌曲旋律，和幼儿一起拍手，并摇摆身体，感受乐曲。		2~3
二、主要活动 1. 让幼儿一起听听这首歌曲，老师跟着旋律唱歌词。 2. 提问：这首歌叫《牙齿亮晶晶》，你听到歌曲里唱了什么？ 3. 随着幼儿的回答，教师唱歌词。 4. 再听歌曲一次。		8~10
三、综合活动、总结 1. 跟着老师举起右手食指作为牙刷，一起做动作来理解歌曲，一起来唱这首歌。 2. 幼儿回家可以唱给爸爸妈妈听。 附：　　　　　　　牙齿亮晶晶 5 3 5 - ｜ 5 3 5 - ｜ 6 5 4 3 ｜ 2 3 4 - ｜ 5 1 1 1 ｜ 12 34 5 - ｜ 上 刷 刷　　下 刷 刷　　左 刷 刷　　右 刷 刷　　里面也要　刷 一 刷 5 1 2 4 ｜ 3 2 1 - ‖ 牙齿变得　亮 晶 晶		2~3

保教活动评估

1. 能在老师引导下学唱歌曲。
2. 能用好听的声音来唱。
3. 能对材料感兴趣。

活动六：牙齿亮晶晶（二）

领域	艺术表现、习惯养成、情感与社会性发展
活动资源	1. 幼儿用书 下 第8～9页 2. 歌曲《牙齿亮晶晶》
活动目标	愿意随着音乐的旋律和节奏进行律动，体验刷牙的好方法。

活动过程	时间(分钟)
一、引发动机 导入：老师放歌曲《牙齿亮晶晶》，提问：这首歌曲叫什么名字？	2～3
二、主要活动 1. 我们一起用好听的声音来唱一遍。 2. 跟着老师举起右手食指作牙刷，一起做动作来理解歌曲，并一起唱这首歌。 3. 提问：听了这首歌我们知道怎么刷牙了吗？谁来教教大家？ 4. 老师出示学习用书，并借用牙刷教宝宝正确的刷牙方法。 5. 提问：谁的牙齿亮晶晶了？让老师和宝宝们看一看。	8～10
三、综合活动、总结 听着音乐，幼儿举起右手食指，一起用正确的方法来刷牙。	2～3

保教活动评估

1. 能在老师引导下学唱歌曲。
2. 能与同伴学会正确刷牙的方法。

活动七：小小牙医

领域	艺术表现、习惯养成、动作发展
活动资源	游戏书下：小小牙医
活动目标	尝试用撕纸黏贴的方法让牙齿变白，体验帮助刷干净牙齿的快乐。

活 动 过 程	时间(分钟)
一、引发动机 导入：翻开游戏书中的"小小牙医"，问幼儿这是什么呀？	2～3
二、主要活动 1. 我们的牙齿白又白，这颗大牙齿变得黄了，有什么办法变白呢？ 　　幼儿想各种各样的办法。 2. 老师示范：将白色的纸撕成小的碎片，然后用胶水将白色碎纸贴在大黄牙上，贴满整个牙齿。 　　撕纸方法：大拇指和食指像个小夹子，两个小夹子靠在一起，一点一点往下撕。 　　胶水用法：绕着圈圈涂满胶水。	8～10
三、综合活动、总结 1. 幼儿扮演小小牙医来贴白牙齿，老师指导。 2. 制作完后，幼儿学说：我的牙齿变白了。	2～3

保教活动评估

1. 能在老师指导下学习撕纸的方法。
2. 能对游戏材料感兴趣。
3. 能乐意学说话。

活动八：我的牙齿不疼了（一）

领域	语言发展	
活动资源	幼儿用书下2第14～19页	
活动目标	1. 愿意跟随老师一起，安静地听完故事。 2. 体验与同伴一起听故事的快乐氛围。	
活动过程		时间(分钟)
一、引发动机 导入：出示大鲸鱼京京手捂着脸，很痛苦的样子（以故事人物导入激发兴趣）。 提问：大鲸鱼京京怎么了？		2～3
二、主要活动 1. 倾听故事：为什么京京会牙疼，让我们一起来倾听故事《我的牙齿不疼了》。 2. 提问：这个故事叫什么名字？ 3. 老师边讲故事边提问下列问题。 　（1）京京为什么会牙疼？ 　　　小结：牙齿不刷"虫"要咬！ 　　　（用动作和语言表现：唔……唔……我不要刷牙。） 　　　（学习语言："哎呀哎呀怎么办？""哎哟……哎哟……我的牙""好疼……好疼……我的牙"） 　（2）是什么好办法让京京的牙不疼了？ 　　　小结：小牙刷，刷刷刷，牙齿不疼了，牙齿白白吃饭香。		8～10
三、综合活动、总结 老师完整地再讲一遍故事。		2～3

保教活动评估

1. 能对学习书中的故事感兴趣。
2. 能在老师引导下学习故事中的语句。

活动九：我的牙齿不疼了（二）

领域	语文、动作	
活动资源	幼儿用书下第14～19页	
活动目标	1. 愿意和老师一起翻阅图书，并能和老师一起说说故事。 2. 体验学说故事的乐趣。	
活动过程		时间（分钟）
一、引发动机 导入：上次我们讲了个《我的牙齿不疼了》的故事，今天我们再一起来看这本图书吧。		2～3
二、主要活动 1. 提出看书的要求：图书宝宝要一页一页地翻看。 2. 找到封面说说故事的名字《我的牙齿不疼了》。 3. 幼儿一页一页地翻看，并和老师一起模仿书中的话语。 "唔……唔……我不要刷牙。" "唉呀！哎呀！……怎么办？" "哎哟……哎哟……我的牙""好疼……好疼……我的牙"。 "小牙刷，刷刷刷，牙齿不疼了。牙齿白白吃饭香。"		8～10
三、综合活动、总结 1. 幼儿自由地翻阅图书，老师进行个别辅导，学说书里的语言。 2. 大鲸鱼京京因为不刷牙牙齿才会疼，我们要不要学它呢？ 小结：对，我们不学它，早晚要刷牙，细菌才会逃走，牙齿才不会疼，牙齿才会白白吃饭香。		2～3

保教活动评估

1. 能对图书感兴趣。
2. 能在老师引导下学说书中的语言。

活动十：我会刷牙

领域	习惯养成、认知发展、动作发展
活动资源	1. 幼儿用书第8～9页 2. 游戏书下：我会刷牙 3. 歌曲《牙齿亮晶晶》
活动目标	1. 学会正确的刷牙方法，知道保护牙齿很重要。 2. 体验在游戏中学刷牙的乐趣。

活动过程	时间(分钟)
一、引发动机 导入：上次讲的大鲸鱼京京就是因为不刷牙才会牙齿疼，今天带来了一把小牙刷，要给图上的小鲸鱼来刷刷牙。	2～3
二、主要活动 1. 幼儿从游戏书图卡1中把小牙刷撕下来，老师个别辅导。 　　要求：沿线撕，不撕断。 2. 上次我们教了怎么刷牙的好方法，谁来刷给我们看一看？ 3. 教师示范：边念儿歌边用正确的方法给小鲸鱼刷牙。	8～10
三、综合活动、总结 幼儿听着歌曲《牙齿亮晶晶》，边唱边给游戏书下中的小鲸鱼刷牙齿，老师巡回指导幼儿动作的正确性。	2～3

保教活动评估

1. 能对材料感兴趣。
2. 能在老师指导下学习撕纸。
3. 能跟着老师学习正确的刷牙方法。

活动十一：找朋友

领域	认知发展、习惯养成、动作发展
活动资源	游戏书下：找朋友
活动目标	1. 能回答和执行较复杂的认知任务，知道有些食物有助于牙齿的健康。 2. 体验给大鲸鱼喂食的快乐。

活 动 过 程	时间(分钟)
一、引发动机 导入：今天有一个任务需要大家一起来帮忙，到底是什么任务呢？	2～3
二、主要活动 1. 老师翻开游戏书，问：图片上有什么？（一颗大牙齿） 2. 谁是牙齿的好朋友呢？请你来说一说。 小结：肉、玉米、蔬菜是牙齿的好朋友；饮料、糖果、冰激淋是甜甜的，会让牙齿蛀掉，不是牙齿的好朋友。 3. 幼儿自己在图片上给牙齿找好朋友。 　　要求：拿起小笔，圈一圈牙齿的好朋友。 4. 验证：看看你圈得对不对？	8～10
三、综合活动、总结 牙齿还有一些好朋友，老师出示图片(可以上网找些图片)：水果、钙片、牛奶等，都要多吃，才能让牙齿更坚固。	2～3

保教活动评估

1. 能在指导下用笔圈出物品。
2. 能对材料感兴趣。

活动十二：照镜子

领域	认知发展、语言发展
活动资源	1. 游戏书下：照镜子 2. 镜子幼儿人手一份
活动目标	乐意照镜子学习不同的表情，体会自己的情绪变化。

活动过程	时间(分钟)
一、引发动机 导入：老师美美地照镜子，镜子真好玩，我们一起来玩镜子。	2～3

二、主要活动
1. 观察镜子里的自己。
    提问：你从镜子里看到了什么？
    小结：镜子里能看到我自己。学说：我看到了鼻子、我看到了……
2. 观察镜子里自己的表情。
    (1) 老师出示游戏书下"照镜子"，你会做书上宝宝的表情吗？让幼儿照镜子学一学。
        教师巡回指导，问问幼儿这是什么表情？
    (2) 请个别幼儿上来做不同的表情给大家看。其他幼儿跟着照镜子学一学。
	8～10

三、综合活动、总结 提问：你还会做什么表情？ 幼儿自己照镜子探索，并做给同伴看，互相学表情。 小结：照照镜子，多变的表情真有趣！	2～3

保教活动评估

1. 能乐意参加活动，对镜子感兴趣。
2. 能在老师引导下照镜子变换表情。

活动十三：表情歌

领域	语言发展、艺术表现	
活动资源	1. 幼儿用书 下2 第 6 页 2. 童谣出处	
活动目标	1. 喜欢倾听童谣，理解童谣并乐意模仿童谣中的语言。 2. 用动作体验童谣中表情的有趣。	
活 动 过 程		时间(分钟)
一、引发动机 导入：看看图片上的宝宝在干什么呢？		2～3
二、主要活动 1. 好多滑稽的表情真有趣，我们一起来学一学。（老师带领幼儿一起学书上的表情） 2. 老师朗诵童谣《表情歌》（老师边做动作边念童谣）： 　　　　我笑、我笑，我的眼睛像小船； 　　　　我哭、我哭，我的眼睛在下雨； 　　　　我气、我气，我的眼睛像皮球； 　　　　我困、我困，我的眼睛是一条线； 　　　　我怕、我怕，我的眼睛睁得大又大。 3. 提问：你会用眼睛来做做童谣里的表情吗？ 4. 老师手里拿着一叠表情图（都是儿歌中的表情），幼儿自己上来抽取一张，然后做对应的表情，其他幼儿看看他做得对否。 5. 幼儿与老师一起边念童谣边做动作（教师借助图片）。		8～10
三、综合活动、总结 1. 和同伴互动，念儿歌做表情。 2. 我们的眼睛会做很多表情，笑、哭、生气、困了、害怕都能做，好有趣。		2～3

保教活动评估

1. 能围在老师的身边听故事、做游戏。
2. 能对表情图感兴趣，并一起念童谣。

活动十四：贴眼睛

领域	动作发展、情感与社会性发展、艺术表现	
活动资源	游戏书下：贴眼睛	
活动目标	用撕贴的方法制作作品，享受创作的乐趣。	
活动过程		时间(分钟)
一、引发动机 导入：老师打开游戏书下"贴眼睛"的图，请幼儿说说：它们是谁呢？		2~3
二、主要活动 1. 这些小动物缺少了什么？ 2. 介绍今天的任务：给这些小动物贴上眼睛。 要求：把游戏书中粘纸2中的眼睛贴到相应小动物的脸上。 请个别幼儿上来贴一贴，说说眼睛高低是一样的。		8~10
三、综合活动、总结 1. 幼儿操作，老师指导。 2. 贴好眼睛再来看看、说说它们是谁呀？		2~3

保教活动评估

1. 能在老师引导下黏贴。
2. 能对材料感兴趣。

单元名称：牙齿和眼睛保健

活动十五：化妆小达人

领域	艺术表现、情感与社会性发展、动作发展
活动资源	游戏书下：化妆小达人（图卡1）
活动目标	乐意用撕的方法自制面具，并愿意和老师一起随着音乐的节拍跳舞。

活 动 过 程	时间（分钟）
一、引发动机 看看戴着面具跳舞的姐姐或者老师，引发幼儿制作面具的兴趣。	2~3
二、主要活动 1. 跳舞的姐姐/老师脸上有什么？ 2. 幼儿与老师一起制作面具 　（1）老师介绍面具的制作方法 　　　要求：手指相对，慢慢地撕下来，再把眼睛的圆圈抠掉，制作好了就戴在脸上。 　（2）幼儿制作面具，老师巡视。 　（3）老师帮助幼儿将面具戴上，相互欣赏。	8~10
三、综合活动、总结 1. 老师放音乐，和戴着面具的幼儿一起进行律动。 2. 幼儿把面具收好带回家。	2~3

保教活动评估

1. 能对材料感兴趣。
2. 能在老师引领下跟着同伴一起舞蹈。

049

活动十六：眼睛咕噜噜

领域	动作发展、艺术表现	
活动资源	1. 幼儿用书下2第10~11页 2. 游戏书 3. 儿歌《眼睛咕噜噜》	
活动目标	1. 能在老师的指导下进行翻页操作。 2. 感知眼睛转动的乐趣。	
活动过程		时间(分钟)
一、引发动机 老师先演示小鲸鱼京京眼睛咕噜噜,然后念儿歌:小眼睛,咕噜噜,左看看,右看看,上看看,下看看,咕噜咕噜转一转。		2~3
二、主要活动 1. 老师演示翻页,请幼儿仔细观察图片中眼睛的变化。 2. 幼儿人手一册幼儿用书,翻到《眼睛咕噜噜》这一页,不断翻动翻页,感受眼睛的变化。 3. 老师亲身示范眼睛左右上下转动。 4. 幼儿模仿做眼睛左右上下转动的动作。 5. 幼儿之间相互演示动作。		8~10
三、综合活动、总结 幼儿跟着儿歌一起来操作。		2~3

保教活动评估

1. 能对图书翻页感兴趣。
2. 能在老师引导学习转动眼睛动作。

活动十七：好吃的水果

领域	语言发展、认知发展、习惯养成
活动资源	幼儿用书 下2 第 12～13 页
活动目标	1. 能按老师的口令找出相应的水果。 2. 愿意说出水果的名称和颜色。

活 动 过 程	时间(分钟)
一、引发动机 说说你爱吃的水果。	2～3
二、主要活动 1. 认识图片上的水果（出示幼儿用书） 　　提问：宝宝眼里看到了什么？（大大的果园） 2. 说说果园里有些什么水果？这些水果的名称和颜色是什么？ 　　红红的苹果、橙色的橘子、黄黄的梨…… 3. 摸摸神秘盒里的水果。 　　摸一摸、闻一闻，感知实物水果，并说出水果的名称和颜色后，再拿出来。 　　如：我摸到红红的苹果。	8～10
三、综合活动、总结 幼儿洗手并品尝水果。	2～3

保教活动评估

1. 能与幼儿一起做游戏。
2. 能在老师引导下说出水果的名称和颜色，学说一句话。

活动十八：不用脏手揉眼睛

领域	习惯养成、语言发展、情感与社会性发展
活动资源	1. 幼儿用书第4页 2. 儿歌
活动目标	知道不用脏手揉眼睛，养成良好的卫生习惯。

活动过程	时间(分钟)
一、引发动机 出示红红眼睛的小鲸鱼京京，问幼儿：为什么它的眼睛红了？（幼儿自由地说）	2～3
二、主要活动 1. 看学生书听教师念儿歌：让我们看看是怎么回事？ 　　小眼睛，亮晶晶，样样东西看得清；好孩子，讲卫生，不用脏手揉眼睛。 2. 现在你们知道小鲸鱼京京的眼睛为什么会红吗？（幼儿自由地说） 　　小结：好孩子，讲卫生，不用脏手揉眼睛。 3. 眼睛痒了怎么办？（出示图片教会幼儿用手帕来擦一擦眼睛）	8～10
三、综合活动、总结 1. 和老师一起来学念学生书上的这首儿歌。 2. 老师平日里观察幼儿能否注意不用脏手揉眼睛。	2～3

保教活动评估

1. 能围坐老师身边进行活动。
2. 能和同伴一起认真倾听儿歌。
3. 能在老师引导下和同伴一起念儿歌。

单元名称：牙齿和眼睛保健

 活动十九：拍手歌

领域	语言发展、情感与社会性发展、动作发展、艺术表现
活动资源	幼儿用书 下 第20～21页
活动目标	1. 跟随儿歌的韵律进行拍手游戏，并模仿学说。 2. 享受聆听儿歌的乐趣。

活 动 过 程	时间(分钟)
一、引发动机 我们大家一起来拍拍手，先跟老师拍手，拍的要和老师的节奏一模一样。	2～3
二、主要活动 1. 老师示范：宝宝们拍得真好听，我们一边念儿歌一边拍手。 拍手歌 你拍一，我拍一，脏手不要揉眼睛； 你拍二，我拍二，电视不要看太久； 你拍三，我拍三，眼睛卫生要记牢； 你拍四，我拍四，早晚刷牙别忘记； 你拍五，我拍五，牙齿健康最重要， 大家一起来努力，我们一定能做到。 2. 看学生书上的分解图片，让幼儿理解儿歌《拍手歌》的内容。 3. 老师和幼儿一起边念儿歌《拍手歌》边拍手。	8～10
三、综合活动、总结 让幼儿找个同伴进行游戏：边拍手边念儿歌《拍手歌》。	2～3

保教活动评估

1. 能在老师引导下一起念儿歌。
2. 能对游戏感兴趣。

# 活动二十：点五官

领域	情感与社会性发展、认知发展、动作发展、习惯养成
活动资源	幼儿用书第22~23页
活动目标	1. 能倾听老师的口令，点出自己的五官。 2. 感受集体游戏的快乐。

活动过程	时间(分钟)
一、引发动机 猜一猜、听一听，这是什么东西？	2~3
二、主要活动 1. 出示教具(洒空气清新剂)，让幼儿感知五官的作用。 　小结：用眼睛可以看；用耳朵可以听；用鼻子可以闻；用嘴巴可以吃。 2. 玩游戏"我点你说"，说说五官的名称。	8~10
三、综合活动、总结 巩固认识五官的位置，玩游戏：点五官。 老师任意说出五官的名称，请幼儿立即指出来。 四、拓展活动 亲子时光：妈妈和宝宝面对面坐好，妈妈提问宝宝，宝宝伸出食指点自己的五官等。可以由慢到快。	2~3

保教活动评估

1. 能围坐在老师身边。
2. 能认真倾听老师的口令点出自己的五官。
3. 能快乐地和同伴共同参与游戏中。

单元名称：我想嘘嘘

保教活动指南

当孩子进入集体生活中，容易面临各种不适应——如大小便不能自理，不会自己进餐，午睡难以独立入睡等。

对2~3岁孩子生活能力的培养至关重要，因为这能帮助孩子建立自信心，更好、更快地适应集体生活。而如厕能力是孩子应具备的最基本的生活自理能力，完全可以通过学习、训练达到目的。

现在天气逐步变暖和了，穿的衣服也慢慢减少，可以对孩子进行主动入厕的好习惯培养。

教导重点

1. 学习表达自己的需求。
2. 学习如厕、洗手的步骤和方法。
3. 能分辨公共场合的厕所。
4. 培养自我服务意识和能力。

小小提醒

老师要营造如家庭般的宽松、安全、温馨的环境，激发孩子大胆表达自己的需求，通过个别指导和日常练习，培养幼儿如厕能力。同时也要做好家园配合，共同培养孩子的生活能力。

保教学习内容网

中心主题：我想嘘嘘

动作发展

- **大肌肉**
  1. 在追泡泡的游戏中，学习朝着目标走和跑。
  2. 喜欢用动作表现生活中洗澡的过程。
- **小肌肉**
  通过印章印画的活动，发展手眼协调能力。

习惯养成

- **能力**
  1. 学习分辨裤子的正反面，尝试自己穿裤子。
  2. 学习洗手的正确方法。
  3. 知道饭前、便后、手脏时要洗手。
- **意愿**
  1. 体会自我服务的成就感。
  2. 喜欢照镜子，感受照镜子的乐趣。
  3. 激发自我服务的愿望。
  4. 通过学念儿歌，巩固对洗手习惯的养成。

艺术表现

- **欣赏**
  在听听、玩玩中感受歌曲的优美。
- **表现**
  1. 愿意跟着老师做模仿动作。
  2. 尝试用黏贴的方式来装饰衣服，锻炼手指肌肉的灵活性。
  3. 知道装饰的贴纸要贴在指定的轮廓内。
  4. 尝试用油画棒在轮廓线内涂色，尽量涂满。

认知发展

- **能力**
  1. 认识自己的性别。
  2. 学习分清男女厕所的标志。
  3. 能区别物体的大小。
  4. 尝试和家人共同自制泡泡水，学习理解说明图。
  5. 在看看、说说中了解动物不同样子的便便。
  6. 尝试区分、比较"大中小"，并尝试用语言表达。
  7. 在看看说说尝尝中，初步了解端午节的习俗。
- **意愿**
  1. 通过游戏，巩固坐便盆如厕的意识。
  2. 对新添置的卡通便盆感兴趣，模仿如何使用。
  3. 进一步认识自我，发展自我意识。
  4. 激发探索的兴趣，体验制作过程的乐趣。
  5. 知道大便是正常生理产物，缓解孩子紧张情绪。
  6. 激发探究愿望。

语言发展

- **能力**
  1. 理解故事的简单情节，喜欢模仿故事里的人物语言。
  2. 初步理解故事内容。
  3. 学习念儿歌，体验儿歌的韵律。
- **意愿**
  能安静倾听故事。

情感与社会性发展

- **品格**
  1. 能坚持完成任务。
  2. 能缓解尿床或尿裤子后的紧张情绪。
  3. 能长时间地集中注意做自己感兴趣的事。
- **社会互动**
  1. 体验游戏带来的快乐。
  2. 体验和同伴一起游戏的快乐。
  3. 体验美术活动的乐趣。
  4. 愿意帮助别人，体验帮助别人的快乐。
  5. 乐意参与户外游戏，在活动中体验乐趣。
  6. 在活动中增进亲子感情。
  7. 体验与同伴合作游戏的快乐。
  8. 体验在音乐中模仿洗澡动作带来的快乐。
  9. 喜欢和老师、小朋友一起，共享节日的快乐。

活动区域布置参考

区域	情境布置
主题活动区域	• 海报：男孩和女孩（见活动四：男孩和女孩） • 海报：厕所的标志（见活动六：厕所的标志） • 盥洗室的墙面上贴有洗手步骤图（见活动十二：你会洗手吗）
生活活动区域	• 提供洗手步骤图、小毛巾、洗手液瓶子等，幼儿练习六步洗手法 • 一面较大的镜子、让幼儿涂抹的护肤霜
艺术活动区域	• 提供各色蜡笔，画游动的小鱼（见活动三：小鱼游） • 提供小贴纸、空白的裙子轮廓，用来装饰裙子（见活动五：漂亮的裙子） • 游戏书：彩色泡泡（见活动十四：彩色泡泡） • 提供油画棒、空白的毛巾轮廓（见活动七：晒毛巾）
角色活动区域	• 宝宝厕所：提供小宝宝玩偶、纸巾、小纸盒等（见活动一：小宝宝拉便便） • 洗澡澡：提供常用洗澡用品，如沐浴露瓶子、浴擦等（见活动十九：宝宝爱洗澡） • 娃娃家（塑料碗、勺、锅等餐具）、娃娃小床及铺盖、卡通便盆（见活动一：小宝宝拉便便） • 提供玩具水池、玩具晾衣架、小毛巾若干
语言活动区域	• 故事《我要嘘嘘》（见活动二：我要小便） • 故事《尿床了》（见活动九：谁尿床了）
建构活动区域	• 提供各色大型积木，供幼儿进行拼搭 • 提供小熊穿衣拼板

月学习活动建议表

	星期一	星期二	星期三	星期四	星期五
第一周	活动一 小宝宝拉便便	活动二 我要小便	活动三 小鱼游	活动四 男孩和女孩	活动五 漂亮的裙子
第二周	活动六 厕所的标志	活动七 晒毛巾	活动八 追泡泡	活动九 谁尿床了	活动十 自己穿裤子
第三周	活动十一 玩镜子	活动十二 你会洗手吗	活动十三 洗手歌	活动十四 彩色泡泡	活动十五 吹泡泡
第四周	活动十六 动物的便便	活动十七 蚂蚁搬家	活动十八： 三只熊	活动十九 宝宝爱洗澡	活动二十 端午节

单元名称：我想嘘嘘

活动一：小宝宝拉便便

领域	情感与社会性发展、认知发展
活动资源	1. 游戏书下：小宝宝拉便便 2. 创设模拟家庭的环境，提供常用物品、必备娃娃、卡通马桶
活动目标	1. 对新添置的卡通马桶感兴趣，模仿如何使用。 2. 通过游戏，巩固坐马桶如厕的意识。 3. 体验游戏带来的快乐。

活 动 过 程	时间(分钟)
一、引发动机 1. 幼儿自由去娃娃家游戏。 2. 提示幼儿，今天娃娃家有新的玩具，找找是什么？	2～3
二、主要活动 1. 观察幼儿是否发现马桶，是否有使用的行为。 2. 教师介入游戏，创设情境："小宝宝要嘘嘘、拉便便该怎么办？" 3. 和幼儿一起完成给小宝宝(娃娃)如厕的过程。提示幼儿要拉好裤子，把马桶的盖子盖好。 4. 幼儿重复游戏内容，观察幼儿的兴趣和行为。	8～10
三、综合活动、总结 游戏：小宝宝拉便便 让幼儿为小动物找到相应的马桶，巩固坐马桶的意识。(操作方法：请幼儿把游戏书贴纸4中的小动物贴纸撕下，贴在游戏书"小宝宝拉便便"中相应马桶盖上。)	2～3

保教活动评估

1. 对游戏感兴趣。
2. 喜欢操作玩具马桶。
3. 能完成操作书上的游戏。

活动二：我要小便

领域	语言发展、习惯养成
活动资源	幼儿用书第 2～7 页
活动目标	1. 理解故事的简单情节，喜欢模仿故事里的人物语言。 2. 能安静倾听故事。

活动过程	时间（分钟）
一、引发动机 出示故事封面，让幼儿猜猜故事内容。	2～3
二、主要活动 1. 逐页翻书，让幼儿观察画面。 　提问：故事里有谁？发生了什么事情？ 2. 讲述故事《嘘嘘嗯嗯》1～3 页。 　提问：(1) 想小便的时候怎么办？应该怎么说呢？ 　　　　(2) 男孩和女孩小便的动作是一样的吗？哪里不一样？ 3. 讲述故事《嘘嘘嗯嗯》4～6 页。 　提问：女孩子小便后还要做什么？纸巾扔在哪里呢？ 　小结：记得便便以后把小屁屁擦干净。便便要冲走，纸巾丢进纸篓里。 　提问：便便后小手脏了，粘上臭臭、坏坏的细菌怎么办？ 　小结：便便后一定要把小手洗干净。	8～10
三、综合活动、总结 1. 完成讲述故事。 2. 活动结束后带幼儿去厕所进行生活活动。	2～3

保教活动评估

1. 能否安静听故事。
2. 能否积极回答提问及理解故事内容。

活动三：小鱼游

领域	情感与社会性发展、艺术表现、动作发展
活动资源	1. 幼儿用书下第8～9页 2. 游戏书下：小鱼游游 3. "小鱼游游游"视频
活动目标	1. 在听听、玩玩中感受歌曲的优美。 2. 愿意跟着老师做模仿动作。 3. 体验和同伴一起游戏的快乐。

活动过程	时间(分钟)
一、引发动机 1. 今天来了一位小客人，请你们听一段音乐，猜猜它是谁。 2. （播放前奏）引导幼儿听流水的声音，激发想象。 "谁会在水里游的呢？"	2～3
二、主要活动 1. 引导幼儿观赏视频。 　提问：小金鱼在干什么？它是怎样游的呢？ 2. 教师按照孩子的描述做相应的动作。 3. 引导幼儿学习动作："谁会像小鱼一样游？" 4. 鼓励幼儿跟着音乐做小鱼游的动作："我们和小鱼一起游吧。"	8～10
三、综合活动、总结 完整播放歌曲，激发幼儿学习兴趣。 "这首歌曲很好听，以后我们也来学着唱吧。" 四、延伸活动 请小朋友玩画水草的游戏。（请幼儿在游戏书"小鱼游游"画面中添画水草）	2～3

保教活动评估

1. 能否大胆表达自己的想法。
2. 是否愿意跟着老师学习做动作。
3. 和老师一起做律动时情绪是否愉悦。

活动四：男孩和女孩

领域	情感与社会性发展、认知发展	
活动资源	1. 男孩、女孩照片各一张 2. 裙子、短裤、发卡等有性别特征的服装和服饰，与幼儿人数相匹配	
活动目标	1. 认识自己的性别。 2. 进一步认识自我，发展自我意识。	
活动过程		时间（分钟）
一、引发动机 观察卡片，尝试区别性别。 "今天，我们班来了两位客人，谁是女孩，谁是男孩？"		2～3
二、主要活动 1. 了解自己的性别。 　"那么，你是男孩，还是女孩呢？" 　"我们来做个游戏，请女孩站到我这里来，男孩站到××老师那里去。" 2. 了解男孩和女孩的不同服饰，巩固对性别的认识。 　"这儿有许多漂亮的衣服，请看看哪些是女孩子穿的、哪些是男孩子穿的？举例说明。" 3. 游戏"选服装"。 　（1）"请小朋友一起选出你爱穿的衣服。" 　（2）幼儿选择适合自己性别的服饰，教师个别指导。		8～10
三、综合活动、总结 1. 组织幼儿结合性别，学会自己上厕所。 2. "现在都知道自己是男孩子还是女孩子了，如果在公共场所（商场、街道）上厕所，你会不会走错呢？我们还要会辨别男、女厕所的标志，就不会走错啦！"		2～3

保教活动评估

1. 对游戏是否感兴趣。
2. 是否知道自己的性别。
3. 能否正确选择适合自己性别的服饰。

 活动五：漂亮的裙子

领域	艺术表现、动作发展
活动资源	1. 游戏书下：漂亮的裙子 2. 贴纸若干 3. 一段欢快的乐曲
活动目标	1. 尝试用黏贴的方式来装饰衣服，锻炼手指肌肉的灵活性。 2. 知道装饰的贴纸要贴在指定的轮廓内。 3. 体验美术活动的乐趣。

活 动 过 程	时间(分钟)
一、引发动机 今天森林里要举行一场舞会，你们猜猜谁会去呢？	2～3
二、主要活动 1. 出示兔子姐姐图片。"这是谁？""兔子姐姐的裙子好看吗？为什么？" 2. 讲解示范装饰的方法。 　(1)"那我们来帮助她，把她的裙子变漂亮吧。" 　(2) 示范如何取下贴纸(见游戏书贴纸 3)，进行黏贴装饰。 　(3) 让幼儿知道贴纸要贴在轮廓线内。 　　"兔子姐姐的新裙子很合身，所以我们为她贴上小花的时候不要贴到外面去了，这样裙子就不漂亮了。" 3. 幼儿尝试，教师个别指导。	8～10
三、综合活动、总结 1. 展示作品，互相欣赏。 2. 体验帮助别人的快乐。"兔子姐姐谢谢大家设计了那么漂亮的裙子，她可以去参加舞会了。" 3. 播放欢快的乐曲。 "我们和兔子姐姐一起来跳舞吧。"	2～3

保教活动评估

1. 对美术活动是否有兴趣。
2. 能否将贴纸剥下黏贴。

活动六：厕所的标志

领域	情感与社会性发展、认知发展
活动资源	1. 幼儿用书下第10～11页 2. 游戏书下：厕所的标志（见贴纸2） 3. 不同造型的男女厕所标志若干对
活动目标	1. 学习分清男女厕所的标志。 2. 愿意帮助别人，体验帮助别人的快乐。

活动过程	时间(分钟)
一、引发动机 情景讲述，引起兴趣。 "今天，妈妈带小美和小智去商场里购物。刚吃过午饭，小美和小智都想去上厕所，妈妈要照顾小宝宝，就让小美和小智自己去。到了厕所门口，看见两个房间门上有不一样的标志，小美和小智应该去哪里呢？"	2～3
二、主要活动 1. 逐一出示男女厕所的标志，引导幼儿辨认。 　（1）"这是什么标志？""你在哪里见过吗？" 　（2）哪一个代表男孩应该进的厕所，哪一个代表女孩应该去的厕所？你是怎么知道的？ 　（3）小结：男生厕所的标志通常会有穿裤子、戴帽子的人物形象，而女生厕所的标志则有穿裙子、扎辫子的人物形象。 2. 出示烟斗和高跟鞋的标志，引导幼儿辨认。 　"烟斗和高跟鞋做厕所标志，哪个代表男厕所，哪个代表女厕所？为什么？" 小结：烟斗标志代表男厕所，高跟鞋的标志代表女厕所。	8～10
三、综合活动、总结 1. 好了，我们都搞清楚了，可以去帮助小美和小智了。 2. 翻开游戏书下：厕所的标志，带领幼儿将贴纸撕下贴在幼儿用书下第11页的对应框中。	2～3

保教活动评估

1. 是否专注听老师讲解。
2. 能否完成分辨任务。
3. 是否大胆表达自己的想法。

活动七：晒毛巾

领域	认知发展、艺术表现、动作发展
活动资源	1. 游戏书下：晒毛巾 2. 油画棒
活动目标	1. 尝试用油画棒在轮廓线内涂色，尽量涂满。 2. 能区别物体的大小。 3. 能坚持完成任务。

活 动 过 程	时间(分钟)
一、引发动机 1. 出示小毛巾，引导幼儿区别大和小。 "今天小猫和爸爸妈妈去商店买来三块毛巾，你们猜猜都是谁的呢？" 2. 引起涂色兴趣。 "可是小猫觉得都是白色的毛巾太难分清了，就想用油画棒把毛巾变个颜色。"	2～3
二、主要活动 1. 选择喜欢的颜色。 "你可以帮小猫、猫妈妈和猫爸爸选择不一样的颜色。" 2. 讲解示范涂色的方法。 (1) 示范几种涂色方法(线条、圈图)，鼓励幼儿按照自己喜欢的方法涂色。 (2) 强调涂色区域，让幼儿知道蜡笔要涂在轮廓线内。 3. 幼儿操作，教师个别指导。 鼓励幼儿尽量在轮廓线内涂满。	8～10
三、综合活动、总结 1. 将装饰好的毛巾撕下贴在指定的框内(幼儿用书下第 17 页)。 "毛巾变成好看的颜色了，帮小猫把它们挂起来吧！"注意不要搞错了大小哦！ 2. 相互欣赏作品。	2～3

保教活动评估

1. 能否正确握笔。
2. 对涂色范围的把控能力。

活动八：追泡泡

领域	情感与社会性发展、动作发展、习惯养成
活动资源	吹泡泡的工具
活动目标	1. 在追泡泡的游戏中，学习朝着目标走和跑。 2. 乐意参与户外游戏，在活动中体验乐趣。

活 动 过 程	时间(分钟)
一、引发动机 1. 带领幼儿来到户外安全的场地上。 2. 出示吹泡泡的工具，引起幼儿的兴趣。	2～3
二、主要活动 1. 吹出少量泡泡，引起幼儿观察兴趣。 　"泡泡是什么样子的呀？" 2. 再次吹出泡泡，引起幼儿追泡泡的兴趣。 3. 提醒幼儿活动中注意自身安全，避免跌倒和撞到别人。 4. 老师吹泡泡，幼儿追泡泡。	8～10
三、综合活动、总结 1. 总结活动中表现好的地方和需要注意的事项，引起幼儿再次玩耍的兴趣。 2. 带领幼儿洗手。	2～3

保教活动评估

1. 活动中孩子的情绪是否积极，注意力是否专注。
2. 提醒孩子在活动中注意安全。

 活动九：谁尿床了

领域	情感与社会性发展、语言发展、习惯养成
活动资源	1. 绘本《尿床了》 2. 自制图片 3. 手偶
活动目标	1. 初步理解故事内容。 2. 缓解孩子尿床或尿裤子后的紧张情绪。

活动过程	时间(分钟)
一、引发动机 出示故事中人物的手偶，引起兴趣。 "看看谁来了？今天小动物们要讲一个什么故事呢？"	2～3
二、主要活动 1. 讲述故事。 　　提问："故事里有谁？讲了什么事情？" 2. 结合图片欣赏再听一遍故事，帮助幼儿理解故事内容。 3. 依次提问："小狗怎么了？你怎么知道？" 4. 小结：尿床和尿裤子都没有关系，只要告诉老师和其他大人就可以啦！	8～10
三、综合活动、总结 1. 宝宝尿床和尿裤子不要紧，告诉老师和其他大人，帮忙处理好就好。宝宝们长大了一点就不会这样啦！ 2. 完整欣赏绘本，引起幼儿阅读兴趣。 故事《尿床了》 小狗睡醒了，在床上扭来扭去。小猴子、小猫、小兔子感到很奇怪。 小狗不好意思地掀开被子，给大家看。说："我尿在床上了！" 小兔子、小猴子、小猫都跳下床，掀开被子。原来，大家都尿在床上了。 小狗、小兔子、小猴子和小猫，一起把被子晾到太阳下。	2～3

保教活动评估

1. 幼儿能否专注听故事，理解故事内容。
2. 能否感受故事诙谐的风格，缓解自己尿床后的紧张情绪。

活动十：自己穿裤子

领域	动作发展、习惯养成	
活动资源	幼儿用书下第2～7页	
活动目标	1. 学习分辨裤子的正反面，尝试自己穿裤子。 2. 体会自我服务的成就感。	
活动过程		时间(分钟)
一、引发动机 讲述故事《嘘嘘嗯嗯》，引导幼儿回忆故事内容。 "宝宝们，如果要嘘嘘或者便便，我们应该去哪里？" "你会不会自己穿裤子呢？"		2～3
二、主要活动 1. 说说自己的裤子前面有什么。 2. 教给幼儿简单的辨别方法，如看贴花、口袋、拉链、扣子等。 3. 示范讲解穿裤子的方法。 　（1）裤子的前面要向上； 　（2）双手拉住裤腰，逐一将腿伸入裤腿； 　（3）穿上后站起将裤腰拉上。 4. 用顺口溜的方法帮助幼儿记忆。 "火车要过山洞了，一列火车先进来，又来了一列小火车，呜……火车出来了。"		8～10
三、综合活动、总结 1. 请能力强的幼儿表演。 2. 为独立动手完成的幼儿贴上小红花。		2～3

保教活动评估

1. 幼儿能否找到裤子正面的特征。
2. 能否按照老师的讲解尝试穿裤子。

活动十一：玩镜子

领域	情感与社会性发展、习惯养成
活动资源	盥洗室里的镜子、护肤霜
活动目标	1. 喜欢照镜子,感受照镜子的乐趣。 2. 激发自我服务的愿望。 3. 体验游戏的快乐。

活动过程	时间(分钟)
一、引发动机 带领幼儿站在盥洗室的镜子前,提示幼儿看看镜子里的自己。	2～3
二、主要活动 1. 游戏：扮鬼脸。 　(1) 教师做眯眼睛、皱鼻子的动作给孩子看,鼓励幼儿对着镜子模仿。 　(2) 鼓励对着镜子做出各种怪样。 2. 游戏：找五官。老师说出五官的名称,幼儿快速地在自己的脸上指点。 3. 游戏：自己来。(让幼儿对着镜子抹护肤霜) 　小结："镜子是我们的好朋友,能够照出我们的样子,帮助我们学更多本领。"	8～10
三、综合活动、总结 延伸活动：镜子真好玩。带领幼儿拿着小镜子在阳光下玩折射光影的活动。	2～3

保教活动评估

1. 幼儿对照镜子是否有兴趣。
2. 是否愿意自我服务。

活动十二：你会洗手吗

领域	动作发展、习惯养成
活动资源	1. 幼儿用书 第 14～15 页 2. 洗手步骤图片（放大书中的图片）
活动目标	1. 学习洗手的正确方法。 2. 知道饭前、便后、手脏时要洗手。

活动过程	时间（分钟）
一、引发动机 观摩大班幼儿洗手录像。 "屏幕上的哥哥姐姐在干什么？""他们是怎么洗手的？"	2～3
二、主要活动 1. 出示学生书上图片，逐幅解释。 2. 带领幼儿边讲述边模仿洗手动作，看看和哥哥姐姐们一样吗？ 3. 出示步骤图，请幼儿按顺序摆放。	8～10
三、综合活动、总结 1. 总结：饭前、便后、手弄脏了都要洗手。 2. 一起去盥洗室洗手。	2～3

保教活动评估

1. 是否了解洗手的方法及步骤。
2. 是否愿意按照步骤来洗手。

活动十三：洗手歌

领域	语言发展、习惯养成	
活动资源	1. 幼儿用书下3 第18页 2. 小毛巾	
活动目标	1. 通过学念儿歌，巩固对洗手习惯的养成。 2. 学习念儿歌，体验儿歌的韵律。	
活动过程		时间(分钟)
一、引发动机 出示团成一团的毛巾，进行情景讲述。 "刚才我们洗过手了，是谁把小毛巾捏成一团的呢？小毛巾不高兴了。"		2～3
二、主要活动 1. 示范讲述正确的擦手方法。"小毛巾说了，擦手的时候毛巾要打开，一只手擦好了，再擦另一只手，这样才能把小手都擦干。" 2. 幼儿操作，老师指导。 3. 欣赏儿歌，复习洗手步骤。 　(1) 复习洗手的方法(幼儿回忆讲述)。 　(2) 翻看幼儿用书下3第18页，演示儿歌，帮助幼儿记忆。 　　"老师把洗手的方法变成了一首儿歌。请你听听儿歌里是怎么教你洗手的。" 4. 边学念儿歌，边练习洗手的方法。 5. 反复练习，巩固记忆。		8～10
三、综合活动、总结 今天我们学会了一首儿歌《洗手歌》，你们可以教给爸爸妈妈如何洗手了。		2～3

保教活动评估

1. 能否回忆洗手的方法。
2. 对儿歌是否理解、是否愿意学念。

活动十四：彩色泡泡

领域	动作发展、艺术表现	
活动资源	1. 幼儿用书下第 16 页 2. 游戏书下：彩色泡泡 3. "吹泡泡"视频 4. 海绵颜料	
活动目标	1. 通过印章印画的活动，发展手眼协调能力。 2. 对生活中的材料感兴趣，萌发探索的愿望。	
活动过程		时间(分钟)
一、引发动机 播放幼儿"吹泡泡"的视频。 1. "画面中是谁？在干什么？" 2. 观察泡泡的样子，并尝试描述。		2～3
二、主要活动 1. 出示背景图，介绍任务。 　"小兔也想吹泡泡，你们猜它吹出的泡泡是什么样的呢？" 2. 介绍工具。 　"老师带来了一些圆圆的东西，是什么？" 3. 演示印画的方法。 4. 出示游戏书下：彩色泡泡。幼儿挑选圆形物品，蘸颜料印画于游戏书下 　"彩色泡泡"的画框中，教师个别指导。		8～10
三、综合活动、总结 1. 展示、欣赏作品。 2. 鼓励幼儿找找更多可以印画的工具。		2～3

保教活动评估

1. 对印画活动能否掌握。
2. 能否找到生活中的圆形物体。

活动十五：吹泡泡

领域	情感与社会性发展、认知发展、动作发展
活动资源	幼儿用书下第 22～23 页
活动目标	1. 尝试和家人共同自制泡泡水，学习理解说明图。 2. 激发探索的兴趣，体验制作过程的乐趣。 3. 在活动中增进亲子感情。

活动过程	时间(分钟)
一、引发动机 谈话：上次在幼儿园玩的吹泡泡还想玩吗？可是我们家里没有泡泡水，我们自己动手来制作安全的泡泡水吧。	2～3
二、主要活动 1. 查阅资料(翻看学生书)，了解需要的材料。 2. 准备材料。 3. 按照步骤在与成人的合作中完成制作。 4. 幼儿可以尝试完成搅拌的工作。 5. 寻找身边合适的材料作为吹泡泡的工具。 6. 尝试在户外玩吹泡泡。	8～10
三、综合活动、总结 1. 收拾材料。 2. 清洁桌面和小手。 延伸活动：可以将制作过程摄影，与宝宝一起回顾制作过程，帮助宝宝记忆。	2～3

保教活动评估

1. 幼儿能否按照图示准备材料。
2. 在活动中的参与积极性如何。

活动十六：动物的便便

领域	认知发展、习惯养成
活动资源	1. 幼儿用书下3第12～13页 2. 游戏书下：谁的便便 3. 小猫埋粪便的视频
活动目标	1. 在看看、说说中，了解动物不同形状的便便。 2. 知道大便是正常生理产物，缓解孩子紧张情绪。 3. 激发探究愿望。

活动过程	时间(分钟)
一、引发动机 小朋友，你们见过小动物们拉便便吗？你知道它们的便便是什么样的吗？我们来看看吧！	2～3
二、主要活动 1. 逐一认识小动物不同样子的便便。 　金鱼——小金鱼在水里游，它的便便细又长。如果发现水里有好几条便便了，就要帮小金鱼换水啦。 　蚕宝宝——蚕宝宝吐出的丝又细又长，但是它拉的便便确实小小、黑黑像沙子。不过，蚕宝宝吃桑叶，它的便便一点都不臭。 　蚯蚓——蚯蚓宝宝最勤劳，钻上钻下忙松土。蚯蚓宝宝吃的是泥土，拉出来的便便就是营养的泥土啦。 2. 欣赏小猫埋粪便的视频，知道便便要拉在指定的地方。 　"画面里是谁？它在干什么？" 　小猫很爱干净，每次拉好便便都要埋好，不让人发现。	8～10
三、综合活动、总结 1. 出示游戏书：谁的便便。 　宝宝，小动物的便便你都认识了吗？我们一起来找找，把小动物的便便贴到小动物的身边。 2. 所以，小朋友如果有了便便也没关系，只要拉在小马桶里冲掉就可以啦！	2～3

保教活动评估

1. 幼儿能够认出几种动物的便便。
2. 幼儿认识幼儿园中拉便便的地方。
3. 幼儿能够画出较长的线条。

活动十七：蚂蚁搬家

领域	情感与社会性发展　动作发展
活动资源	1. 幼儿用书_下第20～21页 2. 小蚂蚁头饰 3. 软球及小毛巾若干
活动目标	1. 在蚂蚁搬家的游戏情境中尝试侧身走。 2. 体验与同伴合作游戏的快乐。

活 动 过 程	时间(分钟)
一、引发动机 出示头饰，引导幼儿认识小蚂蚁。 "外面天气真好，跟妈妈一起出去玩吧！"	2～3
二、主要活动 1. 准备活动：带领幼儿弯弯腰、转转头、伸伸手等活动。 2. 游戏：小蚂蚁搬豆。 　(1) 把软球四散散在场地上。"宝宝们，地上有那么多好吃的豆豆，我们把它搬回家好吗？"请幼儿将散落的软球搬到指定地方。 　(2) "天快下雨了，我们要把豆豆一起搬回家，好吗？" 　(3) 鼓励幼儿再次尝试，两两合作搬豆豆。 　　① 引起兴趣。 　　"有什么方法可以一次搬得多一点呢？妈妈带了一块小毛巾，可以把豆豆放在毛巾上，两只小蚂蚁合作搬豆豆。" 　　② 示范合作侧身走的方法。 　　"谁先来和妈妈一起试一试？" 　　③ 幼儿练习，老师个别指导。 　　④ 鼓励幼儿两两结伴，完成任务。 4. 游戏可多次进行，视幼儿兴趣而定。	8～10
三、综合活动、总结 为自己的成功感到快乐。	2～3

保教活动评估

1. 幼儿侧身走的能力。
2. 在老师的引导下是否能够与同伴进行合作游戏。

活动十八：三只熊

领域	认知发展、语言发展	
活动资源	1. 环境创设：娃娃家中准备大、中、小三个玩具熊 2. 用大、中、小三个盒子做成熊的房间	
活动目标	1. 尝试区分并比较"大、中、小"，并尝试用语言表达。 2. 能长时间地集中注意做自己感兴趣的事。	
活动过程		时间(分钟)
一、引发动机 出示三个玩具熊。"娃娃家搬来了新邻居，是谁呢？"		2～3
二、主要活动 1. 引导幼儿区分熊的大小不同。 　"这些熊一样吗？" 2. 引导幼儿在比较中发现大小不同，并学说大熊、小熊和中熊。 3. 将三只熊藏在娃娃家中，鼓励幼儿去寻找，并尝试表述："我找到大熊了，我找到中熊了，我找到小熊了。" 4. 引导幼儿观察三只熊的房间，说说区别。 5. 请幼儿将玩具熊放到相应的房间内，并尝试说："大熊住在大房间，中熊住在中房间，小熊住在小房间。"		8～10
三、综合活动、总结 延伸活动：如果幼儿有兴趣，可以找一些大小不同的食物来喂熊宝宝们。		2～3

保教活动评估

1. 能否区分大、中、小。
2. 能否用正确的语言表达。

单元名称：我想噓噓

活动十九：宝宝爱洗澡

领域	艺术表现、动作发展、习惯养成
活动资源	1. 音乐《洗澡歌》 2. 常用洗澡用品，如沐浴露瓶子、浴擦等
活动目标	1. 喜欢用动作表现生活中洗澡的过程。 2. 体验在音乐中模仿洗澡动作带来的快乐。

活 动 过 程	时间(分钟)
一、引发动机 欣赏《洗澡歌》，说说歌里唱了什么。	2～3

洗澡歌

1=C 2/4
♩=100

作词：孟笔生花
作曲：朱洪湘

(5·6 5 6 │ 5 3 │ 2·3 2 3 │ 1 6 │

5·6 5 6 │ 3 2 3 │ 1 5 │ 6 2 │ 1 - │)

5 1 │ 1· 2 │ 3 1 │ 5 - │
我 今 天 要 洗 澡 澡，

5 5 │ 3 1 1 │ 2 2 3 │ 2 - │
妈 妈 夸 我 是 好 宝 宝，

3 3 │ 6 - │ 5 6 5 │ 3 - │
擦 香 皂， 揉 泡 泡，

5 6 │ 5 3 3 │ 2 1 │ 5 - │
把 肮 脏 通 通 都 洗 掉。

6·6 6 6 │ 6· 4 │ 5·5 5 5 │ 5 - │
啦 啦 啦 啦 啦 啦 啦 啦 啦 啦 啦

5·6 5 4 │ 3 1 1 │ 2 5 │ 1 - ‖
我 是 一 个 干 净 的 小 宝 宝。

077

活 动 过 程	时间(分钟)
二、主要活动 1. 经验交流。 　"说说你平时在哪里洗澡？谁帮你洗澡？为什么要洗澡呢？" 2. 动作交流。 　"谁能够将洗澡的动作表演一下？" 3. 听音乐表现动作。 　(1)"如果洗澡的时候有《洗澡歌》陪伴我们，是不是就更开心了？" 　(2) 带领幼儿跟着音乐表现洗澡动作。 　(3) 请个别表现好的小朋友表演。 　(4) 集体表现，老师用手做一个大大的"花洒"，鼓励幼儿参加律动。	8～10
三、综合活动、总结 今天大家跳得真开心，天气热了要每天洗澡哦！	2～3

保教活动评估

1. 幼儿对洗澡经验的积累。
2. 是否乐意跟着音乐表现动作。

活动二十：端午节

领域	认知发展、情感与社会性发展
活动资源	1. 幼儿用书下第 19 页 2. 艾草、包粽子的材料 3. 请来几位幼儿的奶奶
活动目标	1. 在看看、说说、尝尝中，初步了解端午节的习俗。 2. 喜欢和老师、小朋友一起，共享节日的快乐。

活动过程	时间(分钟)
一、引发动机 1. 出示艾草，引起幼儿兴趣。 "宝宝，你们知道今天挂在门上的叶子是什么吗？" 2. 初步了解艾草的作用 "天气渐渐热了，在端午节时把艾草挂在门上，可以防止蚊虫飞进来。"	2～3
二、主要活动 1. 带领幼儿翻开幼儿用书下第 19 页，看一看，说一说，初步了解端午节的习俗。 "宝宝，端午节是中国的传统节日，到了这一天，我们有好多好玩的事情可以做哦！" 端午节大家都要吃粽子，你见过粽子是怎样包的吗？ 端午节还要挂香囊，有了香香的气味，蚊子就不敢靠近宝宝啦！ 端午节好多人还喜欢划龙舟，看看哪只龙舟划得最快哦！ 2. 观摩包粽子过程。 (1) 你喜欢吃粽子吗？你家里的粽子是谁包的呢？ (2) 今天请到了几位奶奶包粽子给我们看，请你仔细看看粽子是用什么包起来的。 (3) 奶奶们的本领真大，我们长大了也可以学学包粽子哦。	8～10
三、综合活动、总结 1. 一起品尝煮好的粽子。 2. 端午节真快乐，谢谢奶奶们。	2～3

保教活动评估

1. 对端午节的有趣活动是否有经验。
2. 是否感受到端午节包粽子、吃粽子的快乐。

单元名称：我爱整理

保教活动指南

教导重点

"我爱整理"这一主题旨在帮助宝宝了解分类和整理的方法。故事《奇怪的房间》以一个"乱七八糟"的场景来吸引宝宝的注意力，他们会发现，原来生活缺乏了秩序会多么不方便啊！接着，后续的活动通过认识生活中常见的家具及收纳物品，引导宝宝了解生活物品摆放的固定位置，帮助他们养成良好的生活习惯，形成稳定的秩序感。在熟悉了生活用品和收纳用品的基础上，通过"把玩具送回家"等活动，引导幼儿体验分类的好处，了解、探索分类的方法。

小小提醒

"我爱整理"这一主题主要关注宝宝如下能力的培养：

1. 认识并能说出常见的收纳物品的名称，如玩具、餐具、衣柜、鞋柜、书柜等；
2. 能够分辨三角形、圆形、正方形三种形状；
3. 能够手脚协调地爬行。

单元名称：我爱整理

保教学习内容网

我爱整理

动作发展
- 大肌肉
  幼儿在游戏情境中尝试手脚协调地爬。
- 小肌肉
  愿意学习将正方形纸张边对边对折。

习惯养成
- 能力
  1. 知道吃剩的果皮要扔进垃圾桶。
  2. 知道勤洗澡是保持身体清洁的良好生活习惯。
  3. 知道衣服洗好后要晾晒。
  4. 知道玩具脏了要洗干净。
- 意愿
  1. 愿意学习整理玩具。
  2. 乐意在饭后将餐具送回家。
  3. 愿意和同伴一起捡落叶。

艺术表现
- 欣赏
  乐意跟随律动音乐一同唱唱跳跳。
- 表现
  1. 乐意参加折纸活动。
  2. 乐意将衣服贴到晒衣架下。
  3. 能在纸上用蜡笔画肥皂泡。

语言发展
- 能力
  1. 能够理解故事的内容，说说房间奇怪在哪里。
  2. 喜欢跟着成人念儿歌，理解儿歌内容。
- 意愿
  乐意倾听故事，愿意自己逐页翻看。

情感与社会性发展
- 品格
  1. 在爬的过程中愿意遵守规则，不与同伴相撞，懂得保护自己。
  2. 了解春节前中国人有打扫的习俗。
- 社会互动
  1. 乐意和小伙伴一同游戏。
  2. 乐意和同伴一起参加运粮食的游戏。

认知发展
- 能力
  1. 喜欢并能按简单的顺序走迷宫。
  2. 能够认识并辨别正方形、三角形和圆形的物品。
  3. 能按提示将餐具分类放入正确的地方。
  4. 能按照夹子的颜色找到同样颜色的衣服。
  5. 能按照事情发生的先后顺序进行排列。
- 意愿
  1. 愿意学习用画圆圈的方法表示事情发生的先后顺序。
  2. 乐意按从小到大或从大到小叠杯子。

081

活动区域布置参考

区域	情境布置
主题活动区域	• 海报：中国春节的习俗之———打扫（见活动十九：打扫） • 海报：各种各样的餐具
生活活动区域	• 杯子放入此区，供幼儿进行叠杯子的游戏（见活动十五：叠杯子） • 衣架、夹子、各种衣物（见活动十：晒衣服）
美工活动区域	• 活动十五的落叶（需要不定时更新）放入此区，提供幼儿玩树叶贴画等游戏 • 折纸、简单步骤图（见活动四：叠被子）
角色活动区域	• 准备小娃娃、小毛巾、小脸盆、沐浴露空瓶等浴室用品，提供幼儿玩当妈妈给宝宝洗澡的游戏 • 准备空鞋盒、小毯子、受伤的玩具娃娃或毛绒宠物、听诊器、空药瓶和药盒等，布置一家玩具医院（见活动九：洗澡澡）
语言活动区域	• 故事《奇怪的房间》（见活动一：奇怪的房间） • 故事《放整齐》 • 故事《嗨，我叫问不倒》系列
建构活动区域	• 不同形状的积木若干便于幼儿玩搭建游戏 • 剪开的小动物的图形（尾巴、翅膀为主要特征），请幼儿玩拼拼乐游戏

单元名称：我爱整理

月学习活动建议表

	星期一	星期二	星期三	星期四	星期五
第一周	**活动一** 奇怪的房间（一）	**活动二** 找找看	**活动三** 洗刷刷	**活动四** 叠被子	**活动五** 猜猜我是谁
第二周	**活动六** 玩具我爱你	**活动七** 应该放哪里	**活动八** 学小乌龟运粮食	**活动九** 洗澡澡	**活动十** 晒衣服
第三周	**活动十一** 奇怪的房间（二）	**活动十二** 一起洗玩具	**活动十三** 小猪洗澡	**活动十四** 洗刷刷	**活动十五** 叠杯子
第四周	**活动十六** 捡落叶	**活动十七** 漂亮的花园	**活动十八** 整理玩具小能手	**活动十九** 打扫	**活动二十** 美丽的被子

活动一：奇怪的房间（一）

领域	语言发展、动作发展	
活动资源	1. 幼儿用书第2～7页 2. 多多和朵朵的图片	
活动目标	1. 能够理解故事的内容，说说房间奇怪在哪里。 2. 乐意倾听故事，愿意自己逐页翻看。	
活动过程		时间(分钟)
一、引发动机 教师介绍故事主要人物：朵朵和多多。 幼儿观察图片，认识主要人物多多和朵朵，跟他们打招呼。		2～3
二、主要活动 1. 教师第一次完整讲述故事，请幼儿说说朵朵和多多的房间奇怪在什么地方。 2. 教师第二次分段讲述故事，幼儿分别说说什么不见了。 3. 幼儿观察故事图片，幼儿分别找找蜡笔、袜子、书和小熊在哪里。 4. 引导幼儿说说为什么这些物品会找不到。		8～10
三、综合活动、总结 幼儿自己翻阅幼儿用书，教师巡回指导。		2～3

保教活动评估

1. 幼儿能够逐页翻看图书。
2. 幼儿能够说出蜡笔、袜子、书和玩具应该摆放的位置。

活动二:找找看

领域	认知发展、习惯养成
活动资源	1. 游戏书下:找找看 2. 西瓜、香蕉的图片,西瓜皮和香蕉皮扔在地上的图片 3. 娃娃手偶1个 4. 每人1支水彩笔
活动目标	1. 喜欢并能按简单的顺序走迷宫。 2. 知道吃剩的果皮要扔进垃圾桶。

活动过程	时间(分钟)
一、引发动机 老师出示西瓜、香蕉的图片,引导幼儿说说是什么水果,喜欢吃这两种水果吗?	2~3
二、主要活动 1. 老师出示西瓜皮和香蕉皮扔在地上的图片,请幼儿说说水果吃完后,这些果皮怎么办呢? 2. 老师出示娃娃手偶并对幼儿说:"大家好,我是乐乐,现在我要把这些果皮扔到垃圾桶,可是我没看到垃圾桶,请你们帮忙找找,但是要按照捡起香蕉皮→西瓜皮→香蕉皮→西瓜皮的顺序找哦!" 3. 老师出示游戏书翻到"找找看",引导幼儿观察迷宫。 4. 老师示范怎样帮乐乐找到垃圾桶。 5. 请幼儿帮助乐乐找到垃圾桶,并自己尝试走迷宫,老师巡回指导。	8~10
三、综合活动、总结 感谢幼儿帮助乐乐找到垃圾桶,并把果皮扔进垃圾桶。	2~3

保教活动评估

1. 喜欢并能按简单的顺序走迷宫。
2. 知道吃剩的果皮要扔进垃圾桶。

活动三：洗刷刷

领域	动作发展—艺术表现
活动资源	1. 幼儿用书下第 8 页 2. 音乐 3. 软垫若干（根据班级幼儿人数）
活动目标	1. 幼儿在游戏情境中尝试手脚协调地爬。 2. 乐意参与律动活动。

活动过程	时间(分钟)
一、引发动机 教师播放律动音乐，鼓励幼儿认真倾听并说说听到了什么。 我有一块小抹布 1 2　3 4　5 6　5　｜　5 4　　3 2　　1 3　　1　｜ 我 有　一 块　小 抹　布　　擦 呀　　擦 呀　　擦 呀　　擦 1 2　3 4　5 5　5　｜　5 4　　3 2　　1　　　0　‖ 擦过　来呀　擦过　去　　擦得　　好 干　　净。	2～3
二、主要活动 1. 教师介绍律动使用的道具——软垫，并将软垫分给每一个幼儿。 2. 教师鼓励幼儿一同说说擦地板的动作。 3. 教师示范擦地板的动作：两只手放在软垫上，膝盖跪在地板上，跟随音乐膝盖交替向前移动将软垫往前推。 4. 教师鼓励幼儿跟随律动音乐按照同一个方向转圈擦地板。	8～10
三、综合活动、总结 教师鼓励幼儿尝试用不同的动作"擦地板"。	2～3

保教活动评估

幼儿能够手脚协调地爬。

活动四：叠被子

领域	艺术表现、动作发展、认知发展
活动资源	1. 实物小花被一床 2. 游戏书下：叠被子
活动目标	1. 乐意参加折纸活动。 2. 愿意学习将正方形纸张边对边对折。

活 动 过 程	时间(分钟)
一、引发动机 老师出示实物小花被，请幼儿说说这是什么？它是做什么用的呢？	2～3
二、主要活动 1. 老师提问：早上起床后，我们要把小花被怎么收拾起来呢？ 2. 老师回应幼儿：对，要把小花被叠起来。现在请大家看看老师是怎么叠小花被的。 3. 老师示范叠实物小花被。 4. 老师问幼儿：你们想不想学习叠小花被呢？ 5. 老师出示手工纸，告诉幼儿这个是用手工纸做的小花被，引导幼儿观察小花被有四条边，每条边都是一样长的。 6. 老师示范叠小花被，边对边重叠折纸，然后引导幼儿观察第一次折后的长方形有两条更长的边，老师继续示范把两条更长的边也折叠在一起，小花被就叠好啦。 7. 老师出示游戏书翻到"叠被子"，引导幼儿沿着印痕取下小花被手工纸。 8. 请幼儿尝试折叠小花被，老师巡回指导。	8～10
三、综合活动、总结 表扬幼儿认真学会了叠被子，鼓励幼儿回家后尝试叠自己的小被子。	2～3

保教活动评估

1. 乐意参加折纸活动。
2. 愿意学习将正方形纸张边对边对折。

活动五：猜猜我是谁

领域	情感与社会性发展、认知发展	
活动资源	1. 幼儿用书下第9页 2. 不透明的袋子，塑料盘子（圆形）、玩具蛋糕（三角形）、相框（正方形），小气锤 3. 各种形状物品的图片若干	
活动目标	1. 能够认识并辨别正方形、三角形和圆形的物品。 2. 乐意和小伙伴一同游戏。	
活动过程		时间(分钟)
一、引发动机 摸一摸：教师请幼儿在袋子里摸一摸，猜猜摸到的物品，然后将物品拿出，说说它是什么。		2～3
二、主要活动 1. 将幼儿摸出的物品一一摆放，观察、分辨它们各自的形状。 2. 教师请幼儿将学生书翻到第9页，分别说说不同的圆圈中各种形状的物体。 3. 教师鼓励幼儿找找教室中圆形的物品。 4. 教师鼓励幼儿找找教室中正方形的物品。 5. 教师鼓励幼儿找找教室中三角形的物品。		8～10
三、综合活动、总结 敲一敲：在地面上摆放各种形状物品的图片，教师说形状，幼儿尝试用小气锤敲对应形状的物品。		2～3

保教活动评估

1. 幼儿能够分辨圆形、正方形和三角形。
2. 幼儿能够倾听要求完成指令。

活动六：玩具我爱你

领域	习惯养成、语言发展、情感与社会性发展
活动资源	1. 幼儿用书（下）第 12 页 2. 一筐玩具（玩具数量满足班级幼儿数量）
活动目标	1. 喜欢跟着成人念儿歌，理解儿歌内容，知道收拾玩具的正确方法。 2. 愿意学习整理玩具。

活 动 过 程	时间(分钟)
一、引发动机 老师请幼儿围拢坐好，请幼儿说说自己喜欢的玩具，如：你有些什么玩具，最喜欢哪个？	2～3
二、主要活动 1. 老师继续提问：玩好玩具后，你会把它放哪里呢？你自己会整理玩具吗？ 2. 老师出示一筐玩具，告诉幼儿这里有一筐玩具，在玩之前，玩具们有个秘密告诉大家，这个秘密是教我们保护玩具的。（大家认真听哦！） 3. 老师念儿歌《玩具我爱你》。 玩具玩具我爱你，喜欢和你玩游戏，轻轻拿轻轻放，玩好放进筐子里。 4. 老师边念儿歌边引导幼儿学习做动作。 第一、二分句动作：双手端起玩具筐。第三、四分句动作：轻轻拿起一个玩具，然后轻轻放进筐。 5. 老师请几位幼儿上来表演儿歌。 6. 大家一起边念儿歌，边做动作。 7. 老师出示幼儿用书（下）翻到"玩具我爱你"，引导幼儿观察此页内容，提问为什么玩具要轻轻拿轻轻放？ 8. 请幼儿把幼儿用书放回原处，放好书的幼儿到老师处选一个玩具并拿回去玩。	8～10
三、综合活动、总结 请幼儿将玩具放回老师处，对做到轻轻拿轻轻放的幼儿表扬鼓励。	2～3

保教活动评估

1. 喜欢跟着成人念儿歌，理解儿歌内容。
2. 愿意学习整理玩具。

活动七：应该放哪里

领域	习惯养成、认知发展
活动资源	1. 游戏书下：应该放哪里 2. 饭碗（孩子用的）、勺子各1个 3. 饭碗、勺子、小毛巾贴纸若干
活动目标	1. 乐意在饭后将餐具送回家。 2. 能按提示将餐具分类放入正确的地方。

活动过程	时间(分钟)
一、引发动机 老师出示饭碗，请幼儿说说这是用来做什么的。	2～3
二、主要活动 1. 老师继续提问，吃饭还要用到什么餐具呢？ 　老师出示勺子，回应幼儿：对，还要用到勺子舀饭。勺子除了可以舀饭，还可以舀什么呢？（汤、菜等） 2. 老师出示游戏书翻到"应该放哪里"，引导幼儿观察内容，说说孩子们在干什么，吃完饭后这些餐具应该放哪里。（请幼儿将游戏书下贴纸3中的贴纸撕下，粘贴在"应该放哪里"图中相应位置上。） 3. 老师示范将饭碗、勺子和小毛巾一一送回家。 4. 请幼儿自己尝试将餐具送回家，老师巡回指导。	8～10
三、综合活动、总结 感谢幼儿将这些餐具送回家，待会午饭时间让老师看看，大家吃完饭后能不能把自己用的餐具送回家哦！	2～3

保教活动评估

1. 乐意在饭后将餐具送回家。
2. 能按提示将餐具分类放入正确的地方。

单元名称：我爱整理

活动八：学小乌龟运粮食

领域	动作发展、情感与社会性发展
活动资源	1. 幼儿用书下4 第10～11页 2. 沙包若干，筐4个 3. 小乌龟手偶1个，小乌龟头饰若干
活动目标	1. 能在游戏中手脚并用往前爬。 2. 乐意和同伴一起参加运粮食的游戏。

活 动 过 程	时间(分钟)
一、引发动机 老师出示小乌龟手偶和幼儿打招呼，也请幼儿和小乌龟打招呼。	2～3
二、主要活动 1. 老师告诉幼儿，小乌龟今天要去运粮食，并请幼儿猜猜小乌龟会用什么办法运粮食。(出示幼儿用书下4 第10～11页，请幼儿一起看一看，说一说) 2. 老师带幼儿来到准备好的运粮道上，介绍小乌龟的粮食、小乌龟的家，并给幼儿戴上小乌龟的头饰，告诉幼儿，现在我们就是小乌龟，我们要开始把粮食运回家咯！ 3. 老师示范小乌龟运粮食的方法：先在起点蹲下，然后背上粮食，手脚并用地爬向运粮道，爬到家门口卸下粮食，然后爬回到起点。 4. 请幼儿一个一个尝试小乌龟运粮食。 5. 请幼儿回到自己的位置休息，表扬大家都运了这么多的粮食，听听音乐放松放松吧。	8～10
三、综合活动、总结 今天大家做了回小乌龟，都学会小乌龟运粮食这个本领啦，真棒！请大家说说如果是大象运粮食会怎么做呢？下次我们一起帮大象运粮食吧！	2～3

保教活动评估

1. 能在游戏中手脚并用往前爬。
2. 乐意和同伴一起参加运粮食的游戏。

活动九：洗澡澡

领域	动作发展、艺术表现	
活动资源	1. 幼儿用书下第 13 页 2. 背景音乐《我爱洗澡》,《洗澡澡》曲谱	
活动目标	1. 知道洗澡是保持身体清洁的良好生活习惯。 2. 乐意跟随律动音乐一同唱唱跳跳。	
活动过程		时间(分钟)
一、引发动机 1. 教师请幼儿观察幼儿用书下第 13 页,说说画面上的宝宝在做什么。 2. 教师请幼儿说说自己洗澡澡的时候都会清洁哪些地方,是怎么清洗的,尝试做做洗澡的动作。		2～3

二、主要活动
1. 幼儿第一次倾听律动音乐,感受律动的旋律和节奏,说说律动的名字。
2. 幼儿第二次倾听律动音乐,欣赏教师的律动,说说刚刚老师都清洗了身体的哪些部位。
3. 幼儿和教师一同跟随音乐进行律动。教师对幼儿的动作进行提升,鼓励幼儿动作幅度大一些,尝试跟上音乐的节奏。
 	
洗澡澡
 	
| 5·4 3·3 3·3 2 1 | 0 0·1 1·2 3 |
  宝 宝 洗 澡 好 多 泡 泡   揉 揉 揉 揉
 	
| 4·4 4·4 5·4 3 2 | 0 0·2 2·3 4 |
  揉 揉 头 发 冲 掉 冲 掉   搓 搓 搓 搓
 	
| 6·6 6 — | 6 5 0 0 ‖
  上 面 搓   呀   下   面 搓
		8～10

三、综合活动、总结 1. 幼儿说说洗好澡还会做些什么事情,是怎么做的(如用浴巾擦干、涂香香等等)。 2. 幼儿尝试跟随音乐来做做这些动作。		2～3

单元名称：我爱整理

保教活动评估

1. 幼儿能够用较大幅度的肢体动作将洗澡的情形进行再现。
2. 幼儿在律动时能够有意识地跟随音乐的节奏。

活动十：晒衣服

领域	艺术表现、认知发展、习惯养成
活动资源	1. 游戏书下：晒衣服 2. 衣服贴纸若干 3. 几件很脏的衣服的图片
活动目标	1. 乐意将衣服贴到晒衣架下。 2. 知道衣服洗好后要晾晒。 3. 能按照夹子的颜色找到同样颜色的衣服。

活动过程	时间(分钟)
一、引发动机 老师出示有脏衣服的图片，请幼儿说说图片内容。	2~3
二、主要活动 1. 老师请幼儿说说衣服脏了要怎么办，家里是谁洗衣服的呢？衣服洗干净了湿答答的可以穿吗？那么怎么样把湿衣服变干呢？ 2. 老师出示游戏书下翻到"晒衣服"，引导幼儿观察画面。 3. 老师引导幼儿观察夹子的颜色和个数，观察已经晒好的衣服的颜色和夹子的颜色，请幼儿找到游戏书下贴纸 4 中的衣服贴纸。 4. 老师示范晒衣服，先选一件和夹子颜色一样的衣服，然后贴到那对夹子下面。 5. 请幼儿自己尝试晒衣服，老师巡回指导。	8~10
三、综合活动、总结 感谢幼儿帮忙晒好了衣服，现在听听音乐休息一下吧。	2~3

保教活动评估

1. 乐意将衣服贴到晒衣架下。
2. 能按照夹子的颜色找到同颜色的衣服。

 活动十一：奇怪的房间（二）

领域	认知发展、习惯养成
活动资源	1. 幼儿用书下4第2～7页 2. 游戏书下：把玩具送回家 3. PPT（根据幼儿用书图片制作） 4. 书柜/书架、衣柜、笔盒、收纳盒的图片 5. 玩具、书、蜡笔、衣服的图片
活动目标	1. 能够认识并说出收纳物及家具的名称：衣柜、书柜、笔盒等。 2. 乐意将东西放在指定的地方，不乱扔。

活 动 过 程	时间(分钟)
一、引发动机 幼儿自主翻阅幼儿用书下4第2～7页，回忆故事内容。	2～3
二、主要活动 1. 老师请幼儿观察PPT，认识朵朵和多多房间里的家具和收纳物品，说说它们的名称和用途。（衣柜、书柜、笔盒、收纳盒） 注：PPT可做成动画效果，点击相应的家具（收纳物品）时会看到摆放的相应物品。 2. 游戏：猜一猜 （1）老师将四张图片翻转放在地上，随机翻起不同的卡片，幼儿说出图片上物品的名称。 （2）几次后，老师请说出物品名称，请幼儿来猜猜看图片摆放的位置，翻起相应的图片并说说是否正确。	8～10
三、延伸活动 请幼儿打开游戏书下贴纸4，撕下"玩具、书和车子"贴纸，粘贴在游戏书下"把玩具送回家"玩具柜图片中相应位置上。	2～3

保教活动评估

幼儿能够说出衣柜、书柜、笔盒、收纳盒的名称，并知道它们的用途。

活动十二：一起洗玩具

领域	艺术表现、习惯养成、情感与社会性发展
活动资源	1. 幼儿用书第14～15页 2. 每人1支蜡笔 3. 脏脏的玩具1个，在有很多泡泡的盆子里洗玩具的图片1张
活动目标	1. 能在纸上用蜡笔画肥皂泡。 2. 知道玩具脏了要洗干净。

活动过程	时间(分钟)
一、引发动机 老师出示脏脏的玩具，请幼儿说说这个玩具怎么了，脏了要怎么办呢？	2～3
二、主要活动 1. 老师回应幼儿：对，玩具脏了要洗干净才能再玩，那么，洗玩具需要哪些东西呢？ 2. 老师出示在盆子里洗玩具的图片，请幼儿说说观察到的内容。 3. 老师回应幼儿：对，有很多的肥皂泡泡，有大泡泡，有小泡泡，这些泡泡能把脏东西洗掉。今天，有很多脏玩具在等泡泡来洗干净，让我们一起来画泡泡吧！ 4. 老师出示幼儿用书 翻到"一起洗玩具"，引导幼儿观察页面内容。 5. 老师示范在脏玩具上画泡泡，并引导幼儿随意画泡泡的大小和形状，请幼儿尝试画泡泡洗玩具，老师巡回指导。	8～10
三、综合活动、总结 感谢幼儿帮忙画了这么多的泡泡，这些玩具一定能洗得很干净。	2～3

保教活动评估

1. 能在纸上用蜡笔画肥皂泡。
2. 知道玩具脏了要洗干净。

活动十三：小猪洗澡

领域	认知发展、语言发展、习惯养成
活动资源	1. 游戏书下：小猪洗澡 2. 玩沙的图片 3. 每人1支水彩笔
活动目标	1. 能按照事情发生的先后顺序进行排列。 2. 愿意学习用画圆圈的方法表示事情发生的先后顺序。 3. 知道玩沙后要洗澡。

活动过程	时间(分钟)
一、引发动机 老师出示一张有孩子玩沙的照片，引导幼儿说说有谁，他们在做什么。	2~3
二、主要活动 1. 老师提问：你们喜欢玩沙吗？说说你会怎么玩沙子。玩好沙子后，满身沾了沙子怎么办？ 2. 老师出示游戏书翻到"小猪洗澡"，引导幼儿观察页面内容。 3. 老师提问：小猪玩好沙子，回家后做了什么事情？这3幅图里最开始小猪在做什么？然后做什么？最后做了什么？我们来给它们排排顺序吧！ 4. 老师示范在最先做的事情画面下画1个圆圈，给第二步做的事情画2个圆圈，给最后做的事情画3个圆圈。 5. 请幼儿自己尝试给小猪洗澡排列顺序，老师巡回指导。	8~10
三、综合活动、总结 表扬鼓励幼儿能把事情发生的先后顺序排列出来，相信以后大家玩好沙后，一定会记得把自己洗干净哦！	2~3

保教活动评估

1. 能按照事情发生的先后顺序排列。
2. 知道玩沙后要洗澡。

活动十四：洗刷刷

领域	动作发展、情感与社会性发展	
活动资源	1. 曲谱、背景音乐 2. 软垫若干（同幼儿人数）	
活动目标	1. 能够手脚协调地爬。 2. 在爬的过程中愿意遵守规则，不与同伴相撞，懂得保护自己。	
活动过程		时间(分钟)
一、引发动机 幼儿在软垫上跟随音乐进行律动。（活动三中已经进行过"洗刷刷"的律动，因此，这一次活动的开始部分以复习为主） **我有一块小抹布** 1 2　3 4　5 6　5 ｜ 5 4　3 2　1 3　1 ｜ 我 有　一 块　小 抹　布　　擦 呀　擦 呀　擦 呀　擦 1 2　3 4　5 5　5 ｜ 5 4　3 2　1　0 ‖ 擦 过　来 呀　擦 过　去　　擦 得　好 干　净。		2～3
二、主要活动 1. 教师跟随律动音乐，示范新的律动动作。（双手放在软垫上，屁股撅起，双腿伸直，交替前行） 2. 幼儿尝试使用软垫，跟随音乐律动。 3. 教师提升动作：小屁股撅起，膝盖不弯曲。		8～10
三、综合活动、总结 幼儿熟练动作后，教师可以增加动作，如前三个乐句的后三个音符幼儿不往前爬行，而是在原地，双膝跪在地板上双手按住软垫做前后擦地板的动作。		2～3

保教活动评估

1. 幼儿能够手脚协调地爬行。
2. 幼儿在爬行的过程中能够注意避开同伴。

活动十五：叠杯子

领域	动作发展、语言发展、认知发展、习惯养成
活动资源	1. 幼儿用书 下 第 16~17 页 2. 从大到小的杯子人手一套
活动目标	1. 愿意跟着成人念儿歌。 2. 乐意按从小到大或从大到小的顺序叠杯子。 3. 知道杯子玩好后要叠起来。

活 动 过 程	时间(分钟)
一、引发动机 老师出示幼儿用书 下 翻到"叠杯子"，请幼儿说说观察到的内容。	2~3
二、主要活动 1. 老师回应幼儿："对，宝宝在叠杯子，宝宝是怎么叠的呢？" 　老师念儿歌《叠杯子》： 　杯子，大的，小的；从小到大，一个叠一个；从大到小，一个叠一个。 2. 幼儿跟着老师一起念儿歌。 3. 老师出示一套杯子，向幼儿介绍这套杯子：现在老师试试从小到大，一个一个叠杯子。 4. 老师边念儿歌边叠杯子，问幼儿："你们想试试吗？" 5. 老师发给每位幼儿一套杯子，请幼儿尝试叠杯子，老师巡回指导。	8~10
三、综合活动、总结 请幼儿整理杯子，将杯子送回家。 表扬鼓励幼儿学会叠杯子的本领啦！	2~3

保教活动评估

1. 愿意跟着成人念儿歌。
2. 乐意按从小到大或从大到小叠杯子。

活动十六：捡落叶

领域	认知发展、语言发展、习惯养成
活动资源	1. 幼儿用书 下 第18～19页 2. 有人在扫落叶的图片一张 3. 装落叶的小筐每人一个
活动目标	1. 喜欢亲近大自然。 2. 愿意和同伴一起捡落叶。

活动过程	时间（分钟）
一、引发动机 老师出示有人在扫落叶的图片，请幼儿说说图片上有谁？地面上有什么？他在干什么呢？	2～3
二、主要活动 1. 老师提问，请幼儿回想一下幼儿园户外场地（小操场）有落叶吗？（出示幼儿用书 下 第18～19页，让幼儿认识落叶） 2. 老师告诉幼儿，今天要带大家到户外找找落叶，还要请大家把落叶捡起来装进小筐带回教室。 3. 老师带领幼儿到户外有落叶的地方，鼓励幼儿观察并感受树叶飘落下来，地上到处都是落叶的景象。 4. 老师给每位幼儿一个小筐，引导幼儿找树叶、捡树叶，并把捡到的树叶放进筐里。 5. 请幼儿回到教室，鼓励幼儿观察捡到的落叶，并说说落叶的颜色、形状等。 6. 请幼儿挑选一些喜欢的落叶并把它们放进老师的大筐里，把剩下的落叶扔进垃圾桶。 7. 老师从大筐里取出一片落叶，请幼儿说说这片落叶像什么，可以怎么玩呢？要是把它弄碎了，可以怎么玩呢？ 老师告诉幼儿，这些落叶会放在美工活动区里，以后会继续请幼儿和这些落叶玩游戏。	8～10
三、综合活动、总结 老师感谢幼儿到户外捡了这么多的落叶，让户外变干净啦！而且以后我们还要和这些落叶玩游戏呢！	2～3

单元名称：我爱整理

保教活动评估

1. 喜欢亲近大自然。
2. 愿意和同伴一起捡落叶。

活动十七：漂亮的花园

领域	艺术表现、情感与社会性发展
活动资源	1. 游戏书下：漂亮的花园 2. 眼药水空瓶人手一支，棉签若干 3. 红、黄、蓝等颜料，颜料盘若干
活动目标	1. 乐意学习吹画，用棉签添画。 2. 体验和同伴一起吹画、用棉签添画的乐趣。

活动过程	时间(分钟)
一、引发动机 老师出示颜料、眼药水空瓶、棉签等工具，介绍作画材料工具。	2～3
二、主要活动 1. 老师示范吹画。 　　老师取出一张白纸，画上篱笆，用眼药水瓶吸颜料后挤在白纸上，嘴巴靠近颜料，用力一吹，还可示范旋转纸张，往不同方向吹，反复挤、吹数次，再用棉签蘸颜料，在纸上添画，并说"开出一朵红色的花"。 2. 老师给幼儿分发材料和工具。 3. 老师出示游戏书下"漂亮的花园"，请幼儿观察页面内容。 4. 请幼儿自己尝试吹画和棉签添画，老师巡回指导。	8～10
三、综合活动、总结 今天大家学会了吹画和棉签添画的本领，把空白的花园变得漂亮啦，真棒！活动结束后，请幼儿整理桌面，将剩余的颜料和工具放到指定的位置。	2～3

保教活动评估

1. 乐意学习吹画、用棉签添画。
2. 体验和同伴一起吹画、用棉签添画的乐趣。

活动十八：整理玩具小能手

领域	动作发展、习惯养成
活动资源	1. 儿歌《玩具我爱你》 2. 幼儿用书 下 第10页 3. 简谱，背景音乐 4. 玩具、玩具筐若干
活动目标	1. 幼儿尝试通过手脚协调地爬行将玩具送回玩具筐。 2. 幼儿乐意跟随律动音乐做游戏。

活动过程	时间(分钟)
一、引发动机 教师和幼儿翻看幼儿用书 下 第10页，念念儿歌《玩具我爱你》。	2~3
二、主要活动 1. 幼儿倾听律动音乐，说说音乐的名称和内容。 　　律动歌词：玩具玩具我爱你，我们玩游戏。轻轻拿来轻轻放，我很爱护你。玩具玩具我爱你，玩好放筐里。 **粉刷匠** 波兰儿童歌曲 1=C 4/4 5 3 5 3 5 3 1 | 2 4 3 2 5 - ∨ | 5 3 5 3 5 3 1 | 2 4 3 2 1 - ∨ | 2 2 4 4 3 1 5 | 2 4 3 2 5 - ∨ | 5 3 5 3 5 3 1 | 2 4 3 2 1 - ‖ 2. 幼儿想想、说说不用小手和小脚帮忙，在手脚爬行的过程中搬送玩具的方法。 3. 教师将玩具和玩具筐散落放置在场地中，幼儿跟随律动音乐，在爬行的过程中寻找玩具，并用夹在脖子下、放在背上等办法将玩具运到玩具筐中。 注：在听到最后一个乐句"玩好放筐里"时，幼儿将自己找到的玩具放进离自己最近的玩具筐中。	8~10
三、综合活动、总结 幼儿在律动音乐中继续寻找场地中散落的玩具，直到把所有的玩具都送回玩具筐。	2~3

保教活动评估

幼儿能够在爬行过程中运送物品。

活动十九：打扫

领域	认知发展、情感与社会性发展
活动资源	幼儿用书下第 20 页
活动目标	1. 了解春节前中国人有打扫的习俗。 2. 乐意观察图片，说说图片的内容。

活动过程	时间(分钟)
一、引发动机 教师向幼儿介绍"打扫"这一风俗习惯（"腊月二十四，掸尘扫房子"，在春节前，一家人要一起打扫房间呢！因为，古人相信这样会赶走坏运气，迎来好运气）。	2~3
二、主要活动 1. 幼儿翻开幼儿用书下第 20 页，并观察图片内容，分别说说图片上的人们都在做什么，并尝试做做他们打扫的动作。 2. 播放"洗刷刷"的背景音乐，请幼儿选择一个打扫的动作，跟随音乐做一做律动。	8~10
三、综合活动、总结 幼儿尝试学念"腊月二十四，掸尘扫房子"，知道这一天人们为了赶走坏运气，迎来好运气会一家人一同来打扫房间。	2~3

保教活动评估

1. 幼儿了解中国春节前"打扫"的风俗习惯。
2. 幼儿能够观察图片，并说出图片的内容。

活动二十：美丽的被子

领域	艺术表现	
活动资源	1. 幼儿用书下第 21 页 2. 游戏书下：美丽的被子 3. 胶棒若干（同幼儿人数） 4. 废旧杂志页	
活动目标	1. 能够通过撕、粘的方式创作纸片粘贴作品。 2. 愿意在活动结束后整理用过的工具，收拾自己周围的垃圾。	
活动过程		时间(分钟)
一、引发动机 幼儿翻开幼儿用书下第 21 页，找找自己面前和图片中一样的工具和材料。		2～3

二、主要活动
1. 教师请个别幼儿将杂志纸撕成小片。
2. 教师示范使用胶棒的方法（摘下小帽子，转转小身子，脑袋碰一碰，小手按一按，最后再转转小身子，戴起小帽子），并将幼儿撕下的杂志纸片贴在游戏书下"美丽的被子"的被子图上。
3. 幼儿操作，教师巡回指导。
  （1）鼓励幼儿用撕好的杂志纸片将游戏书下空白的被子贴满。
  （2）鼓励幼儿尽量将杂志页撕成小片。
		8～10

三、综合活动、总结 幼儿操作结束后，教师和幼儿一同将垃圾收拾干净。		2～3

保教活动评估

1. 幼儿学习使用胶棒，有良好的操作习惯。
2. 幼儿能够尽量将杂志页撕成小片。

附录 托班作息时间表

决定课程内容的安排时要考虑的因素很多,其中之一是"时间的安排",这里的时间有两个向度。

一、一年里时间的安排(下面月份的数字属于建议,老师可以根据情况缩短时间或是加长时间)

1. 适应期(9月～10月):幼儿的"调适期",托班幼儿要开始适应上学的要求,如,规律的到校时间。

2. 发展期(11月至来年的5月):幼儿渐渐适应后,其学习焦点是融入学校里的各种个别化以及集体学习活动。

3. 衔接期(来年的6月～7月):这时托班幼儿一方面会有结业活动,一方面会有面临将转到小班的情况,时间的安排会因此有调整。

二、一日时间的安排:一日里的时间分配也会因为各校、各地区、季节而调整,因此,下面的建议是可以调整的

托班一日作息时间表:9月～10月(适应期)

时间	内容	说明
8:30—8:45	游戏、学习与生活活动 8:00—8:45　第一批幼儿入园 8:15—8:45　第二批幼儿入园 8:30—8:45　第三批幼儿入园	可以的话,入园时间可分批进行,此将可提供教师与幼儿和家长沟通的可能性 方便组织不同时间抵达学校之幼儿的游戏活动。
8:45—10:30	运动、生活活动 8:45—9:30　运动、游戏时间 9:30—9:50　生活时间 9:50—10:10　学习时间 10:10—10:30　运动、游戏时间	老师依据园内场地大小、教室分布情况、季节、天气变化等条件,变化运动进行的节奏与时间的分配。
10:30—10:50	自由活动、生活活动(盥洗、餐前准备)	餐前准备时间可进行共同阅读、餐点介绍等活动。

附录 托班作息时间表

续 表

时间	内容	说明
10:50—15:00	生活活动(午餐、散步、午睡、起床整理等)	
15:00—15:30	运动、游戏活动	
15:30—15:45	生活活动(点心、离园准备)	
15:45—16:00	离园	提前离园15分钟左右,使幼儿逐步适应在园时间。

托班一日作息时间表:11月至来年5月(发展期)

时间	内容	说明
8:00~9:15	游戏、学习与生活活动	
9:15~10:15	运动、生活活动 9:15~9:35　运动 9:35~9:45　生活 9:45~10:00　运动 10:00~10:15　运动	老师依据园内场地大小、教室分布情况、季节、天气变化等条件,变化运动进行节奏与时间的分配。
10:15~10:35 (请老师控制在15分~18分左右)	学习活动	做法请参考教师手册。
10:35~10:55	自由活动、生活活动(盥洗、餐前准备)	餐前准备时间可进行共同阅读、餐点介绍、戴围兜等活动。
10:55~15:30	生活活动(午餐、散步、午睡、起床整理、点心等)	
15:30~16:00	户外运动/功能室活动/离园准备	
16:00	离园	

附录 托班作息时间表

托班一日作息时间表：（来年的6月～7月）（衔接期）

时间	内容	说明
8:00～9:15	运动、生活活动 8:00～8:25　运动 8:25～8:45　生活 8:45～9:00　运动 9:00～9:15　生活	考虑本园场地大小、教室分布情况，并根据季节、天气变化，考虑运动分段进行。
9:15～10:15	游戏与学习、生活活动	
10:25～10:30	学习活动	
10:30～10:50	自由活动、生活活动（盥洗、餐前准备）	餐前准备可进行共同阅读、餐点介绍等活动。
10:50～15:30	生活活动（午餐、散步、午睡、起床整理、午点等）	
15:30～16:00	运动、活动室活动	
16:00	离园